LLM과 교육

인공지능총서

인공지능 시대입니다. 기계가 인간의 인지를 대신하고, 사물이 인간을 통하지 않고 다른 사물과 직접 커뮤니케이션합니다. 이에 따른 인간 삶과 문명 변화를 정확히 이해·예측·대응하는 것은 이 시대 우리 모두의 과제입니다. 인공지능총서는 인공지능 기술과 환경의 여러 주제를 10가지 키워드로 정리합니다. 관련 개념과 이론, 학계와 산업계의 쟁점, 우리 일상의 변화를 다룹니다. 인간과 기술의 현재, 미래를 세심히 분석합니다.

일러두기

- 인명, 작품명, 저서명, 개념어 등은 한글과 함께 괄호 안에 해당 국가의 원어를 병기했습니다.
- 외래어 표기는 현행 어문규정의 외래어표기법을 따랐습니다. 다만 '딥러닝', '딥마인드', '딥페이크' 등은 관행을 따랐습니다.

LLM과 교육

현주은

대한민국, 서울, 커뮤니케이션북스, 2024

LLM과 교육

지은이 현주은
펴낸이 박영률

초판 1쇄 펴낸날 2024년 12월 13일

커뮤니케이션북스(주)
출판 등록 2007년 8월 17일 제313-2007-000166호
02880 서울시 성북구 성북로 5-11
전화(02) 7474 001, 팩스(02) 736 5047
commbooks@commbooks.com
www.commbooks.com

ISBN 979-11-7307-290-1 03500

책값은 뒤표지에 표시되어 있습니다.

차례

초거대 언어 모델의 등장과 교육

AI 시대에 살고 있는 우리는 일상과 산업 전반에 걸쳐 많은 변화를 경험하고 있다. 교육 분야에서도 AI는 오랜 시간 교육 분야의 난제였던 개인 맞춤 학습, 초개인화 학습을 실현시켜 줄 기술로 활용되고 있다. AI의 추론 능력을 기반으로 한 분석 시스템은 개인 역량을 진단하고 그에 맞는 맞춤 학습을 추천한다. 또한 음성 인식이나 음성 합성, 메타버스와 같은 기술들은 학습자의 학습 동기를 고취하고 학습 방법의 다양성을 제공하고 있다. 이런 AI 기술은 누구나가 양질의 교육을 받을 수 있는데 기여하고 있어 그 의미가 더욱 크다. 우수한 교사와 적절한 교육 콘텐츠를 접할 기회가 적은 환경에서도 AI 기술을 통해 필요한 교육을 누릴 수 있기 때문이다. 이렇게 교육에 조금씩 스며들던 AI는 '초거대 언어 모델(LLM, Large Language Model)'의 등장으로 새로운 패러다임을 맞이하게 되었다.

2022년 11월 챗지피티(ChatGPT)라는 서비스를 통해 초거대 언어 모델, 즉 LLM이 등장하였고, 산업과 경제

전반에 걸쳐 큰 혁신이 일어났다. 생성형 AI라고도 불리는 LLM은 기존의 언어 모델과 다르게 엄청나게 큰 데이터를 기반으로 사람의 언어와 비슷한 언어를 생성해 낸다. 영화 속 인간의 지능을 가진 컴퓨터와 대화를 나누듯 사람과 컴퓨터의 자연스러운 언어적 상호 작용이 가능해졌다. 챗지피티의 파급 효과는 엄청났다. 챗지피티를 잘 쓰는 것은 한 명의 비서 또는 신입 사원을 쓰는 것이라 여겨질 정도다. 챗지피티는 일상의 많은 부분에서 활용된다. 예를 들어 보고서나 기획안 초안을 작성해 주고, 이메일을 요약하거나 점심 식사 메뉴를 추천해 주기도 한다. 회사에서 업무 도구로 엑셀을 사용하듯이 챗지피티는 업무 효율성을 높이는 방법으로 활용되고 있다. 한 조사에 따르면 직장인 500명 중 약 80%가 챗지피티가 업무에 도움이 된다고 밝혔다(임지선, 2023). 챗지피티 관련 서적이나 강의들이 우후죽순으로 생겨나고 전문가가 아니더라도 누구나 LLM을 쉽게 사용할 수 있게 되었다. 교육 분야에서도 다르지 않다. 챗지피티를 활용한 교수 학습법과 관련된 교사 연수가 늘고 있고, LLM을 기반으로 한 에듀테크 서비스들이 하나둘 생겨나고 있다(강동훈, 2024).

언어 모델이 교육에서 중요한 이유

챗지피티의 열풍 직후 필자는 근무하던 AI 연구소에서 교육 분야에 LLM을 어떻게 적용할지에 대한 논의로 바쁜 일상을 보내고 있다. 몇 날 며칠 챗지피티만 들여다보다 머리 식힐 겸 찾은 동네 도서관에서 '책GPT'라는 이름의 챗지피티 강연 포스터를 만났다. IT와는 거리가 멀 것만 같은 가장 전통적인, 사유하는 공간에서까지 '챗지피티'라는 용어를 보니 순간 피로도가 밀려왔다. 과연 우리는 챗지피티를, 언어 모델을 얼마나 이해하고 이렇게 너도나도 열광하는 걸까. 그때 필자는 LLM과 교육을 함부로 대하지 않겠다는 책임감과 의지를 갖게 되었다.

단순히 챗지피티 하나로 LLM, 즉 언어 모델을 다 설명하기엔 너무도 부족하다. 특히 교육과 LLM은 생각보다 더 밀접하게 맞닿아 있다. 대중적으로 보이는 챗지피티의 모습 외에 진짜 교육에서 필요한 언어 모델로서의 가치를 논의하고 싶다. 언어와 교육은 떼려야 뗄 수 없는 관계이기 때문이다. 언어는 지식을 습득하는 도구이고 지식을 저장하는 방식이자 사고와 사유를 관장하는 매개체다. 교육의 영역을 심리 상담 측면까지 확장하여 생각할 때 언어가 교육에 미치는 영향력은 매우 큰 것을 알 수 있다. LLM이 사람의 언어와 동일한 방식과 수준을 갖춘 것은 아니다. 하지만 이전의 언어 처리 기술과 비교할 때 이제는 비로소 이런 언어로서의 기능을 제법 수행할 수 있다고 여겨진다. 그렇다면 LLM을 교육에서 활용할 때 우리는 대화와 언어에 주안점을 두고 활용안을 찾아야 한다. 단순히 챗지피티의 형상을 떠올리며 하나의 업무 도구로 생각해서는 안 된다. 학생과 교사의 대화를 학생과 LLM의 대화로, 신입 교사와 경력 교사의 대화를 교사와 LLM의 대화로 바꾸어 생각해 보자. 결국 교육에서 언어와 대화가 가지는 교육적 가치에 중점을 두고 LLM을 적용해야 한다. 이는 사용자뿐만 아니라 공급자, 즉 교육에서 사용할 LLM과 서비스를 만드는 이들의 역할이기도 하다. 그렇기 때문에 필자는 이 책을 통해 LLM을 활용하는 교사와 학생뿐만 아니라 LLM과 에듀테크 서비스를 만드는 사람들에게도 유의미한 방향성을 공유하고 싶다.

이 책의 구성

이 책은 LLM의 가치를 탐색하고 교육 분야에 효과적으로 적용하는 방안을 제시한다. 저자가 오랜 기간 에듀테크 기업에 몸담으며 경험하고 느낀 교육과 기술에 대한 생각을 담았다. 특히 실제로 교육 특화 LLM을 구축하고 관련 서비스를 개발하며 많은 시행착오와 깨달음을 얻었다. 범용적 LLM인 챗지피티를 적용한 서비스를 만들어 보기도 하고, 직접 학습 데이터를 구축하여 교육용 LLM 모델을 개발하기도 하며 다양한 시도를 했다. 그 과정을 통해 LLM이 가져올 우려와 현실적 어려움도 알게 되었지만 동시에 교육적 가치에 대한 확신과 가능성을 보았다. 그리고 LLM의 가능성을 어떻게 실현할지에 대한 고찰을 풀어내고자 한다.

1장에서는 범용적 LLM과 교육적 LLM의 개념과 특성을 비교하여 설명한다. LLM의 기본적인 이해를 돕고, 교육적 LLM이 왜 필요한지에 대한 논의를 나눈다. 2장에서는 LLM을 활용하여 향상할 수 있는 역량에 대해 이야기를 나눈다. LLM이 도입됨으로써 떠올리는 우려들을 우리가 함양해야 할 역량으로 개선해야 함을 제시한다. 3장부터는 LLM이 교육의 특정 영역에 미치는 영향과 활용을 설명한다. 3장은 LLM과 개인 맞춤 학습, 4장은 LLM과 자기주도 학습으로 구성되어 있다. 교육에서 목표하는 개인 맞춤 학습과 자기주도 학습을 위해 LLM이 어떤 역할을 할 수 있는지에 대해 기술한다. 5장에서는 LLM이 발전함에 따라 더욱 기대되는 AI 튜터의 모습에 대해 설명한다. 특히 저자가 개발했던 LLM 이전의 AI 튜터와

LLM 이후의 AI 튜터를 비교 설명함으로써 실제적인 논의를 나눈다. 6장부터는 교사와 학생의 입장에서 LLM을 어떻게 활용할 수 있는지, 어떤 학습 목표의 서비스가 필요한지를 설명한다. LLM을 활용한 다양한 교수 학습 활동을 소개하는 6장에서는 구성주의적 관점에서 LLM을 활용한 수업 설계를 제시한다. 7장에서는 국어 교육에서 LLM의 활용 방안을 탐구하고, 8장에서는 영어 교육에서의 LLM 활용안을 논의한다. LLM이 언어 모델임에 따라 효과를 더욱 크게 볼 수 있는 두 교과목에 대한 활용을 구체적인 예와 함께 제시한다. LLM은 언어 학습의 다양한 측면에서 혁신적인 도구로 활용될 수 있다. 9장에서는 LLM을 평가의 도구로 활용하는 방안에 대해 탐구하는데 교사와 기술의 협업의 방향성을 중점적으로 살펴본다. 마지막으로 교육 분야에서 LLM을 활용할 때 유의점에 대해 설명하며 이 책을 마친다.

LLM은 완성형 기술이 아닌 현재 진행형의 기술이다. 현재의 우려와 제약이 많은 만큼 앞으로 발전 가능성도 크다. 특히 우리 아이들이 교육적으로 해로움 없이 사용되어야 할 LLM을 만드는 것은 그 어떤 산업에서보다 책임감을 가져야 할 일이다. 이 책에 담긴 저자의 경험과 고찰이 많은 사람들에게 전달되어 교육과 LLM의 융합이 진정한 의미로 발전될 수 있기를 바란다.

참고문헌

강동휘(2024.8.6). 강원교육연수원 횡성분원, 교원 챗GPT 활용 연수. ≪강원일보≫, https://www.kwnews.co.kr/page/view/2024080616462349673

임지선(2023.6.13). 직장인들 AI '열공 모드'…36% "호기심 넘어 업무에 활용". ≪한겨레≫, https://www.hani.co.kr/arti/economy/economy_general/1095646.html

01

범용적 LLM과 교육 특화 LLM

조거대 언어 모델인 LLM은 챗지피티라는 서비스로 일반인들에게 통용되고 있다. 교육 분야에서도 여러 방면에서 챗지피티를 활용하고 있다. 하지만 적극적으로 LLM을 교육에 사용하기 위해서는 교육 특화 모델이 필요하다. LLM이 무엇인지 자세히 살펴보고, 교육 특화 LLM으로서 갖추어야 할 특성은 무엇인지 정리했다.

LLM의 정의와 특징

AI가 시대와 산업의 키워드가 된 지는 꽤나 오래됐지만, 챗지피티(ChatGPT)로 시작한 초거대 언어 모델(LLM)의 등장은 그 이전의 AI와 또 다른 큰 혁신을 가져왔다. LLM이란 'Large Language Model'의 약자로, 말 그대로 '아주 커다란 언어 모델'이다. 챗지피티는 LLM을 기반으로 대중이 쉽게 사용할 수 있게 만든 일종의 채팅 기반 LLM 서비스다. 처음 챗지피티가 등장하며 LLM이 대중화되기 시작했던 시기에는 GPT(Generative Pre-trained Transformer)라는 용어로 이 초거대 언어 모델이 통칭되곤 했다. 하지만 GPT는 오픈AI(OpenAI) 기업에서 만든 모델의 이름이기에 이제는 LLM이라는 용어가 일반화되어 쓰이고 있다. 얼마나 크기가 크면 대규모라 별도 지칭하는 것일까? 인간의 두뇌에서 신경망 처리를 하는 시냅스에 해당하는 것이 모델에서는 파라미터로 불린다. 공식적으로 발표된 것은 아니지만 GPT-4의 파라미터 개수는 인간의 시냅스 수인 약 20~100조 개와 비슷한 정도로 알려져 있다. 물론 그렇다고 GPT-4가 인간의 두뇌만큼의 능력이 있다고 설명하는 것은 아니지만, 지금까지의 언어 모델과는 비교할 수 없을 만큼 대규모 모델인 것만큼은 확실하다.

LLM이 이전의 언어 모델(LM)과 가장 큰 차이점은 바로 생성형 AI라는 점이다. 언어를 생성한다는 기술적인 원리는 그저 통계적으로 하나의 문자 뒤에 올 다음 문자를 예측하는 과정일 뿐이다. 하지만 그 예측을 상상도 할 수 없을 만큼 많은 데이터를 기반으로 하여 문자의 나열을 자연어와 가깝게 해낸다는 것이 초거대 언어 모델의 핵심이라 할 수 있다(Ozdemir, 2024). 그 덕분에 사람들은 자신들이 쓰는 자연어로 컴퓨터에 입력해도 컴퓨터는 자연어로 출력함으로써 상호 간의 자연스러운 언어적 대화가 가능해진 것이다.

LLM의 종류는 가장 대표적인 오픈AI사의 챗지피티가 있다. 그 외 구글(Google)의 제미나이(Gemini), 메타(META)의 라마(Llama) 등 여러 글로벌 기술 기업들이 각자의 LLM을 만들고 있다. 국내에서도 활발한 연구개발이 이루어지고 있는데 특히 한국어 특화 모델을 구축하고자 하는 시도를 많이 하고 있다. 네이버의 하이퍼클로바-X(HyperCLOVA-X)가 대표적이며 그 외에도 KT, LG, 카카오에서도 연구 개발이 이루어지고 있다. 지금까지 언급한 이런 LLM은 일반적인 용도로 만들어진 범용적 LLM이라 할 수 있고, 언어 모델을 적용한 대화형 서비스 형태로 사용자가 이용하고 있다. 앞으로 이 책에서 논의할 교육 분야에서의 LLM, 즉 교육 특화 LLM과 비교되는 용어로 일반적으로 사용되는 LLM을 범용적 LLM으로 부르고자 한다.

교육 특화 LLM의 필요

LLM이 등장한 이후 교육 분야에서도 이를 활용하고자 하는 요구가 늘고 있다. 챗지피티를 활용한 교육 서비스가 등장하기도 하고, 교사 연수에서도 챗지피티를 활용한 수업 설계 등의 연수가 활발히 진행되고 있다. 하지만 이런 범용적 LLM은 교육 목적으로 쓰기에는 한계점이 많다. 우선 챗지피티는 만 13세 미만 사용자의 사용에 제한을 두고 있다. 이는 AI이기 때문에 특별히 적용되는 정책이라기보다는, 대부분의 온라인 서비스가 개인정보 취급 등의 이유로 미성년자의 회원 가입에 제약을 두는 것과 같은 맥락이라 볼 수 있다. 그러나 아직 생성형 AI에 대한 인식과 사용법, 윤리 등이 명백히 규제화되지 않은 상황에서 미성년자의 생성형 AI 사용은 조심스럽다.

규범적 제약뿐만 아니라 범용 LLM은 교육 분야에서 다루는 내용과 언어의 특성을 담고 있지 않다. 가장 크게 우려하는 것이 '할루시네이션(Hallucination)'이라고 하는 거짓 정보를 생성하는 것인데, 내용의 정확성을 요하는 교육의 특성상 이는 매우 중요한 문제다. 또한 LLM이 생성하는 언어의 내용, 형식, 길이, 말투, 대화의 구조 등이 교육적 목적의 언어와는 거리가 있다. 예를 들어 "지층이 뭐야?"라는 개념에 대한 챗지피티의 대답은 어린 학생들이 이해하기 어렵다. 교육적 목적을 담는다면 질문하는 학생이 학교에서 배우는 개념과 연계하여 적절한 길이의 문장과 용어로 설명하는 것이 필요할 것이다.

챗지피티의 사용을 떠올려 보면 사람이 챗지피티에게 질문하고 챗지피티는 답변을 한다. 기존의 검색용 사용성을 가지고 있는 것이다. 대화형 서비스가 가지는 특징을 충분히 활용하지 못하는 단순한 사용성이라 생각한다. 교육 분야에서는 단순히 검색용으로 활용되기보다 대화형 서비스에 조금 더 강점을 살리는 것이 필요할 것이다. 이렇듯 교육 분야에서 LLM을 적극적으로 활용하기 위해서는 교육적 목적에 맞는 형식의 언어, 내용으로 학습이 된 교육 특화 LLM이 필요하다.

교육 특화 LLM이 갖추어야 할 특징

그렇다면 교육 특화 LLM은 어떤 특징을 갖춰야 할까? 첫째, LLM과 학습자의 대화가 학습자의 지식의 재구성에 도움을 주어야 한다. 즉, 학습자의 질문에 답을 알려 주기보다 학습자가 답을 찾을 수 있는 연관 단어나 질문을 던져 줘야 한다. 레프 비고츠키(Lev Vygotsky)의 인지발달 이론에 따르면 학습자가 잠재적으로 도달할 수 있는 수준의 문제를 안내자와의 사회적 상호 작용을 통해 수행할 수 있다고 말한다. 유능한 안내자와의 대화에서 언어를 사용하며 사고가 발달되고 대화의 핵심 내용을 내면화한다. 이 과정을 비계(Scaffolding)라고 하는데 교사, 부모, 또는 동료 학생이 유능한 안내자의 역할을 수행하며 비계가 설정된다(Vygotsky, 1978). 교육 특화 LLM에게 기대하는 역할이 바로 이러한 안내자가 되는 것이다. 학습자가 질문의 답을 스스로 찾아갈 수 있게 단계적으로 생각할 거리를 제시해 줘야 할 것이다.

둘째, 학습자의 질문에 수동적인 답변을 하는 것이 아니라 LLM이 먼저 학습자에게 필요한 질문을 던지거나 말을 시작할 수 있어야 한다. 이를 AI가 주도하는 대화(AI-driven conversation)이라고도 하는데 이는 일반적인 LLM 챗봇 방식과는 반대의 방식이다. 일반적인 대화형 챗봇에서는 사용자가 먼저 질문을 하고 챗봇이 답변을 하는 방식을 취한다. 하지만 교육에서의 LLM은 단순히 검색 기능을 수행하는 것이 아니라 학습의 안내자이자 학습자가 학습을 구성해 나가는 과정을 도와주는 조력자의 역할을 해야 하기에 LLM이 학생에게 질문을 하는 방식이 필요하다. 여기서 '질문'의 역할은 단순히 정답을 맞히기 위한 것이 아니다. 질문을 받는 사람, 즉, 학생들이 대답하기 위해 사고하고, 그들의 생각을 말로 정리하여 대답하는 재구성의 과정을 거치게 한다. 이런 과정을 통해 학습자의 메타인지가 활성화될 수 있고 자기 자신의 학습에 대해 돌아볼 수 있게 된다. 그 대표적인 예로 '열린 질문'을 들 수 있는데, '네' 또는 '아니오'로 대답하는 닫힌 질문과 반대의 개념으로 질문을 받는 사람이 자신의 생각과 감정, 의견을 자유롭게 말할 수 있게 하는 질문 기법이다. 교사나 상담자에게도 이 열린 질문은 매우 중요하게 다루는 기법인데, 교육용 LLM 역시 열린 질문을 할 수 있게 학습이 되어야 할 것이다.

셋째, 어휘와 문장의 난이도가 학습자의 수준에 맞게 조정이 되어야 한다. 쉽게 말해 성인 학습자가 아닌 아동 학습자들에게 적합한 수준의 어휘와 문장 구성이 필요하다. 특히 LLM이 AI 디지털 교과서에 들어가게 된다면 선행금지법에 따라 해당 학년의 학습 목표와 개념을 넘어선 답변이 생성되면 안 된다(한국교육학술정보원, 2023). 더욱이 영어나 국어 교과의 경우 교육 과정에 따른 학년별 사용 어휘 목록이 있기에 그에 준한 언어 생성도 고려되어야 한다. 게다가 비속어를 생성하거나 학습자가 입력하는 부적절한 내용을 걸러내는 기준이 일반 성인들보다 높게 설정이 되어야 한다. 특히 사용자가 유해어를 입력했을 때 LLM의 반응은 교육적 목적으로 다듬어져야 한다. 예를 들어 "오늘 기분도 안 좋은데 술 한잔할래?"라는 질문을 생각해 보자. 이 질문을 하는 사람이 일반 성인이라면 적절한 맥락에 따라 술과 관련된 대답이 이어져도 크게 무방하겠지만, 질문을 하는 사람이 미성년자 학생이라면 LLM이 생성하는 대답은 미성년자는 술을 마시면 안 된다는 지도의 메시지가 되어야 할 것이다. 또한 꼭 유해한 내용의 언어가 아니라도 대화 내용과 관계없는 돌발적인 발화가 입력되었을 때 다시 주제의 대화로 끌고 올 대응 기술이 필요하다. 기술적으로 이를 '가드레일'이라고 표현하기도 하는데, 학습 관련 대화, 주제에 대한 토론 등 대화의 목적이 분명한 경우 꼭 필요한 기술일 것이다. 예를 들어 조선의 건국에 대한 이야기를 나누다가 학생이 갑자기 "게임하고 싶다"라든가, 엉뚱한 유행어를 입력할 수도 있다. 이때는 주제와 벗어났다는 것을 감지하고 학생이 본래 대화를 이어 갈 수 있게 해야 할 것이다.

마지막으로 정서적 언어 표현이 필요하다. 비록 실제

로는 AI가 감정을 느끼고 하는 반응이 아니라 할지라도, 학습자가 정서적 대화로 느낄 만한 요소들이 필요하다. 기술적으로는 AI의 분류 기능이 사용되는데 언어가 의도하는 바를 학습된 감정으로 분류하고 그에 적절한 반응을 생성해 주는 것이다. 기본적인 응원과 칭찬, 격려 등의 정서적 반응뿐만 아니라 교육의 정의적 영역을 다루는 동기, 태도, 흥미, 자기효능감 등의 측면에서 적절한 반응과 피드백이 학습되어야 한다. 실제 학생들을 대상으로 챗봇이나 게시글, 댓글 등의 학생 참여형 서비스를 운영하다 보면 학생들이 자신이 생성한 글에 답변이나 피드백, 감정적 반응이 오기를 얼마나 기다리는지 매우 크게 느낄 수 있다. 따라서 학생들의 답변에 대해 크고 작은 공감과 칭찬, 응원과 격려의 언어가 탑재되어 있어야 할 것이다. 특히 학생이 틀린 답을 이야기하더라도 부정적인 언어보다 긍정적 언어로 피드백을 주는 방식이 필요하겠다.

언어 모델과 서비스

LLM은 언어 모델 AI 기술을 지칭하는 것이고 이것을 사용자가 사용할 수 있게 만든 것은 LLM 서비스라 할 수 있다. 챗지피티도 엄밀히 말하면 LLM 서비스인데, LLM 서비스는 단순히 하나의 언어 모델로 구동되는 것이 아니다. 여러 크고 작은 모델들과 여타 시스템이 종합적으로 개발된 형태를 말한다. 이는 AI 에이전트(AI-agent)라고 불리며 다양한 서비스에서 LLM을 쉽게 사용할 수 있는 솔루션 형태로 개발되고 있다. 따라서 일반적인 사용자가 LLM을 활용하기 위해서는 LLM을 기반으로 개발된 특정 서비스가 있어야 한다.

비슷한 관점으로 교육 특화 LLM을 만드는 것은 언어 모델을 구축하는 것이고, 이를 사용자가 쓸 수 있으려면 교육용 LLM-agent 또는 서비스로 개발이 되어야 한다. 앞으로 본 책에서 다룰 '교육 특화 LLM'은 교육 목적으로 학습시켜 구축한 언어 모델과 이를 기반으로 사용자에 맞게 개발한 LLM-agent, 학습 서비스를 모두 일컫는 개념으로 사용하고자 한다. 예를 들어 AI 튜터, AI 글짓기 서비스, AI 영어 서비스 등 LLM 기반 서비스를 통칭하여 교육 특화 LLM이라는 용어로 사용하고자 한다.

참고문헌

한국교육학술정보원(2023). AI 디지털교과서 개발 가이드라인. ≪교육자료 GM 2023-11≫. 한국교육학술정보원.

Ozdemir, S.(2023). *Quick Start Guide to Large Language Models.* Addison-Wesley Professional. 신병훈 옮김(2024). 『쉽고

빠르게 익히는 실전 LLM』. 한빛미디어.
Vygotsky, L. S.(1978). *Mind in society: The development of higher psychological processes*(Vol. 86). Harvard university press.

02
LLM을 활용하며 향상되는 역량

LLM이 우리 생활에 도입될 때 많은 우려가 있는 것은 사실이다. 하지만 LLM을 AI 시대에 필요한 역량을 강화하는 데 활용할 수 있다. LLM이 생성형 언어 모델임을 강조하며 사용자의 언어 사용과 사고의 확장 측면에서 활용 가능한 안을 제시한다. LLM이 생성하는 결과에 따라 확장되는 창의성과 비판적 사고, 그리고 이 과정을 학습자가 주체적으로 설계해 나가는 주도성을 길러야 함을 강조한다.

생각의 전환

챗지피티 등장 초기, 교육 분야에서는 챗지피티가 교육에 부정적인 영향을 끼칠 것이라며 많은 우려를 표했다. 실제로 2023년 1월경 뉴욕시 교육부에서는 학교 내에서의 챗지피티 사용을 전면 금지한다고 발표하기까지 했다. 하지만 챗지피티는 일상에서 널리 사용하는 하나의 온라인 도구로 자리 잡았고, 챗지피티의 기술인 LLM은 산업과 기술의 혁신적인 발전을 일으키며 더욱 발전하고 있다. 교육에서 LLM이 부정적인 영향을 미칠 것이라는 우려는 여전히 존재한다. 하지만 스마트폰이 우리의 삶의 일부가 되었듯 LLM 역시 우리가 살아갈 시대의 주요 기술이 되었다는 것은 누구도 부정하지 못하는 시대가 되었다. 챗지피티 사용을 전면 금지했던 뉴욕시 교육부도 몇 달이 지나지 않아 이 발표를 철회했다. 새로운 기술에 대한 걱정으로 인한 금지와 배척보다는 어떻게 교육적으로 더 잘 활용할 수 있을지, LLM 시대에 우리가 갖춰야 할 역량은 무엇인가에 중점을 두어야 한다는 공감대가 형성되고 있다.

사고력과 창의성

챗지피티를 사용함에 교육 분야에서 가장 크게 걱정하

는 부분은 바로 사고력, 창의성 저하다. LLM에게 주제를 주고 글을 써 달라고 입력하면 글을 써 주고, 글에 대한 피드백과 번역까지 해 주니 이러한 우려는 당연하다. 하지만 생각을 전환해서 글을 쓸 때 LLM을 통해 글의 소재나 주제의 확장, 글감의 다양성에 대해 도움을 구한다고 여기면 어떨까? 예를 들어 LLM에게 특정 주제에 대해 글을 쓰고자 하는 데 필요한 정보들을 검색시키거나, LLM이 쓴 글을 통해 새로운 소재를 찾아내는 방식으로 활용할 수 있다. 결국 LLM에게 어떤 질문을 하느냐에 따라 답변이 달라지고, 또 다른 질문과 답변을 통해 사고를 확장해 나가는 과정이 생길 수 있는 것이다.

더욱이 질문에 따른 답변이 정확하게 자신이 원하는 형태의 내용과 구성을 담은 산출물로 한 번에 나오기는 힘들다. 그렇기 때문에 LLM에게서 얻은 답변을 응용하고 수정 · 편집하는 과정에서 생각과 생각이 더해지는 과정을 경험하게 된다. 즉, 질문을 주고받는 과정이 결국 사고력과 창의성의 확장과 연결된다. 전통적으로 구성주의 교육 심리학자 비고츠키는 인간은 상호 작용을 통해 사회적 지식과 인지 기능이 형성되고 이것이 언어와 사고의 발달로 이어진다고 본다(Vygotsky, 1986). LLM이 인간의 상호 작용과 온전히 동일한 기능을 수행하는 것은 아니지만 질문과 답을 하는 과정은 대화와 비슷한 맥락으로 이해될 수 있다. 원하는 답을 얻기 위해 적절한 질문을 던지고 이어지는 상호 작용을 통해 사용자는 하나의 사고 과정을 거치게 되는 것이다. 전통적인 교육 연구에서 교수자나 부모와 아이들의 상호 작용은 주요한 연구 소재였고, 이런 상호 작용이 어떻게 아이들의 사고력 발달에 영향을 미치는지 오랫동안 연구해 왔다. 이제는 이를 기반으로 LLM과 아이들의 상호 작용이 사고력에 어떤 영향을 미치는지, 어떤 식의 대화가 필요한지에 대한 진지한 연구가 필요할 것이다.

비판적 사고

비판적 사고는 미래 교육, 디지털 리터러시 교육에서 빠지지 않고 등장하는 중요한 역량이다. 경제협력개발기구(OECD, Organization for Economic Co-operation and Development)에서는 미래 사회에 필요한 역량들을 탐색하기 위한 '교육 2030' 프로젝트를 진행하고 있는데 비판적 사고를 꾸준히 강조하고 있다(KEDI, 2017). 특히 인터넷과 스마트 기기의 활용이 일반화되고 정보 공유가 누구에게나 쉽게, 무분별하게 이루어지고 있는 이 시대에서 비판적 사고는 매우 중요한 역량으로 여겨진다. 유튜브에서 가짜 뉴스를 걸러 내고 수많은 정보 속에서 옳고 그름을 판단, 응용할 수 있어야 한다. 이는 AI 리터러시에서도 다르지 않다. LLM은 말 그대로 언어를 생성해 내는 기술이기에 그저 입력값에 대한 언어를 생산할 뿐 생성해 낸 언어의 정합성 판단은 하지 않는다. 그렇기 때문에 거짓 정보 생산, 즉 할루시네이션이 생겨난다. 이를 보완할 여러 기술들이 발전하고는 있지만 완전히 해결할 것이라고 안심할 수는 없다. 할루시네이션 때문에 LLM 사용을 교육에서 금지해야 한다는 극단적인 입장보다 LLM을 잘 활용하여 비판적 사고를 함양할 수 있게 도와줘야 한다.

LLM을 활용해 비판적 사고를 기를 수 있는 가장 대표적인 예시는 글쓰기에서 재구성 단계일 것이다. 최근 들어 대학 수업에서 챗지피티가 널리 쓰이고 있는데 대개 초안을 작성하는 것으로 활용하고 있다. 여기서 가장 중요하게 학생들에게 강조해야 할 단계가 바로 지식의 재구성 단계다. 원하는 정보를 챗지피티를 통해 얻되, 이것을 그대로 복사하여 붙여 넣기를 하는 것이 아니라 자신의 언어로 다시 재구성하여 과제를 완성하게 하는 것이다. 그 과정에서 학생들은 챗지피티의 결과물에 대한 분석 및 판단과 수정을 할 것이고 과제로 만들어 내는 과정에서 비판적 사고가 발달하게 된다.

LLM을 활용하여 비판적 사고를 기를 수 있는 또 다른 예시는 AI 토론 서비스다. 에듀테크가 지금처럼 활성화되기 이전 저자는 영어 토론 교재 개발에 참여한 적이 있다. 서책을 통한 토론 학습의 제약은 명확하다. 제시되는 찬성과 반대 의견이 인쇄물에 적힌 고정적이고 일방적인 내용이라는 것이다. 토론이라는 것은 각자의 입장과 근거, 반박 등이 활발하게 주고받는 형식이 되어야 하는데 인쇄되어 나가는 서책에서는 이것이 불가능한 일이다. 물론 교재를 활용하여 교사가 자유로운 토론 수업으로 확장 사용하면 더할 나위 없이 좋겠지만, 그렇지 않은 경우 교재에 인쇄되어 있는 의견으로 일방적인 교육이 될 뿐이다. LLM이 등장한 이후 저자는 서책형 토론 학습의 아쉬움을 보완할 수 있는 LLM 기반 AI 토론 서비스를 시범적으로 개발했다. 초등학생을 대상으로 한 이 서비스는 토론 주제 하나를 제시하고 아이들은 찬성 또는 반대의 입장 하나를 선택한다. 선택되지 않은 반대편 입장을 LLM이 맡아 서로 토론을 진행하는 형태다. 아이들은 자신의 의견을 제시하기 위한 논리적 사고를 발휘해야 하면서 동시에 LLM이 생성하는 의견과 근거를 비판하는 사고를 해야 한다. 서책이 주는 일방적인 토론과 다르게 LLM이 적용된 AI 토론은 실시간으로 나의 의견에 따라 반대 입장이 반응하고, LLM이 생성해 내는 의견에 반박할 수 있는 상호적인 토론이 가능하였다. 그래서 보다 다양한 의견과 반박을 주고받으며 비판적 사고 향상을 기대할 수 있다.

주도성

AI가 발전하며 항상 따라다니는 우려 중 하나가 AI가 인간을 대체할 수도 있다는 것이다. 극단적으로는 공상 과학 영화 속 이야기처럼 AI가 인간을 지배할지 모른다는 우려가 항상 따라다닌다. 이러한 우려가 대중에게까지 크게 인식되게 된 계기가 LLM의 등장이다. 이전까지만 해도 AI는 그저 기술적 용어 또는 아직은 먼 미래라 생각했지만 LLM이 대중과 일상에 스며들면서 AI시대의 인간의 주도성에 대해 고찰하게 되었다.

특히 최근에는 범용적 인공지능, 즉 AGI(Artificial General Intelligence)의 개념까지 등장하며 영화 〈그녀(Her)〉가 현실이 될 수 있음을 체감하고 있다. 2024년 5월 오픈AI는 GPT-4o를 발표했는데 이를 통해 대중은 AGI의 능력과 우려를 더욱 크게 인식하게 되었다. GPT-4o에서 'o'란 모든 것을 뜻하는 '옴니(omni)'의 약자로 언어를 생성해 내는 능력 외에 이미지 인식, 감정 표현, 추론 능력까지 모든 능력을 사람과 비슷하게 구현해 내고 있다. 오픈AI는 인공지능 능력을 5단계로 새로운 분류 체계를 공유했다(박찬, 2023). 분류 체계 1단계는 '챗봇(Chat-bot)' 단계로 인간과 대화를 하는 상호 작용 수준의 능력을 갖추었음을 말한다. 2단계는 '추론가(Reasoners)'로서 인간 수준의 문제 해결 능력을 갖추었음을 의미한다. 3단계인 '대리인(Agents)'은 인간을 대신해 특정 작업을 수행할 수 있을 정도의 능력을, 4단계는 '혁신자(Innovators)'로서 새로운 혁신을 제시하는 능력을 갖춘 수준이다. 그리고 마지막으로 가장 최종 단계인 5단계는 '조직(Organizations)' 단계로 한 사람의 수행 능력이 아닌 조직적 업무를 수행할 수 있는 능력을 의미한다. 이런 분류 체계와 함께 오픈AI는 현재 자신들의 AI는 2단계에 도달하기 직전이라고 밝혔다.

LLM을 넘어서 AGI가 인간을 대체하거나 지배할 거라는 우려의 해소는 인간이 얼마나 주도성을 갖고 기술을 대하느냐에 달려 있다. 이런 주도성을 위해서는 AI 리터러시 교육을 통해 학생들에게 중요성을 인식시켜야 한다. 또한 LLM을 직접 활용하여 문제를 해결하는 과정을 통해 강화할 수 있다. 특히 LLM은 목적이 아니라 수단과 도구임을 잊어선 안 된다. LLM이 생성하는 정보와 언어를 수동적으로 받아들이고 의존하기보다 자신이 필요한 목적에 따라 능동적으로 사용하는 것이 필요하다. 내가 왜 LLM을 사용하고자 하는지, 무엇을 어떻게 얻어야 하는지 생각하고, 그 결과의 정합성 판단을 인간 스스로 고찰하고 비판적 사고로 LLM 활용을 주도해 나가야 한다. LLM의 교육적 활용을 피하지 않고 적극적으로 도입해야 하는 이유이기도 하다. 이러한 역량은 인식을 심어 주는 것에서 그치는 것이 아니라 LLM의 적극적 활용을 통해 얻어지기 때문이다.

참고문헌

박찬(2024.7.12). 오픈AI, AGI로 가는 5단계 공개…"우리는 2단계 직전". ≪AI타임스≫, https://www.aitimes.com/news/articleView.html?idxno=161532

최수진 외(2017). OECD 교육 2030 참여 연구: 역량 개념틀 타당성 분석 및 역량 개발을 위한 교육체제 탐색. ≪연구보고 RR 2017-18≫. 한국교육개발원.

Vygotsky, L. S.(1986). *Thought and Language.* Cambridge: The MIT Press.

03
LLM과 개인 맞춤 학습

LLM과 학습 분석 데이터가 결합되면 개인 맞춤 학습을 지원하는 서비스가 가능하다. 학생 특성에 맞는 학습 피드백과 대화를 제공할 수 있다. 또한 학습자 분석을 위한 언어 분석과 같은 정성적 데이터 분석에 LLM이 활용될 수 있다. LLM이 개인 맞춤 학습을 지원할 수 있는 올바른 방향성을 제시한다.

개인 맞춤 학습의 필요성

우리나라 교육의 문제점 중 하나는 획일화된 교육으로 알려져 있다. 전통적인 학교 수업에서는 강의식 수업이 지배적으로 이루어지고 있고, 교사 한 명이 여러 명의 학생을 담당해야 하며 수업 외 행정적인 업무 과중도 늘 어려움으로 작용한다. 물론 과거에 비해 선도적인 교수 학습이 다방면에서 시도되고 있고 한 반의 학생 수도 20여 명으로 줄어들었음에도 여전히 개인 맞춤 학습이 실현되기에는 어려움이 많은 실정이다. 학습 수준이 낮은 학생들은 그에 맞는 학습 방법과 내용으로 공부를 하고, 학습 수준이 높은 학생들은 조금 더 심화된 내용의 공부를 할 수 있는 환경이 필요하다. 개인 맞춤 학습의 기준은 비단 학습 성적뿐만이 아니다. 학생의 성향과 역량, 선호하는 학습 방법 등 보다 효과적인 학습 성취를 위해 다양한 방식으로 학습이 이루어지는 것이 이상적인 개인 맞춤 학습의 모습일 것이다.

2025년 시행을 앞두고 있는 AI 디지털 교과서가 개인 맞춤 학습을 실현하기 위한 방안이다. 기존 교과서 검정 심사와 동일하게 AI를 기반으로 한 디지털 교과서를 각 발생사 및 에듀테크 기업에서 개발하고 심사를 통해 현장에 공급한다. AI 디지털 교과서의 골자는 AI를 통해 학생들의 현 수준을 진단하고 강점과 약점에 맞게 개인별로 맞춤 학습을 제공하는 것이다. 또한 학생들에게는 AI 튜터를 제공하여 개인 맞춤 학습을 돕고, 교사들에게는 AI 어시스턴트를 통해 업무 경감을 지원하는 목표를 가지고 있다. AI 디지털 교과서 사업이 시작할 무렵 LLM이 대중화되면서 AI 디지털 교과서에도 LLM과 같은 생성형 AI가 사용되는지에 대한 기대와 걱정이 나타났다. 하지만 아직 LLM에 대한 검증이 이루어지지 않았고 개인정보 문제 등으로 인해 직접적으로 LLM이 AI 디지털 교과서에 사용될 것으로 보이지는 않는다. 다만 AI 디지털 교과서가 처음 상용이 되면 실제 사용자 입장에서의 여러 보완점들이 나타날 것이고, 그것들을 기반으로 LLM이 안전한 수준으로 적용될 지점을 찾게 될 것으로 기대한다. AI 튜터나 AI 어시스턴트의 대화형 인터페이스를 제공하는 데 그치는 것이 아니라 학습 진단을 위한 분석과 추천에도 언어 분석 관점에서 큰 역할을 할 것으로 보인다.

LLM과 학습 분석

개인 맞춤 학습을 위해 LLM을 활용하기 위해서는 학습 분석 데이터가 기반이 되어야 한다. 학습 분석(Learning

Analytics)이란 학습이 일어나는 환경에서 수집되는 정보를 토대로 학습을 예측하고, 조언을 제공하기 위해 데이터를 수집, 분석하는 것을 의미한다(Siemens & Baker, 2012). 특히 온라인 환경에서 학습이 일반화되면서 학습자 개인 맞춤형 학습을 제공하고 교수자에게는 맞춤 지도 방안을 제시하기 위한 학습 전반에 걸친 빅 데이터를 수집, 분석하는 주요한 학문적 접근이라 할 수 있다.

학습 분석 데이터는 학습 흔적 데이터, 학습자 생성 데이터, 교수자 생성 데이터, 학습 분석 데이터로 유형화될 수 있다. 학습 흔적 데이터는 온라인 학습 환경에서 생성되는 행동 데이터를 일컫는데 로그인, 미디어 시청, 메뉴 이동, 과제 제출, 학습 참여 등 시스템상에서 추적 가능한 기록 데이터에 해당한다. 학습자 생성 데이터는 말 그대로 학습자가 온라인상에 생성한 데이터로 메시지, 댓글, 보고서 등 질적 데이터에 해당한다. 교수자 생성 데이터 역시 질적 데이터로서 교수자가 학습자와 상호 작용하기 위해 생성한 메시지, 피드백 등을 말한다. 최근에는 AI 튜터가 생성한 문자도 교수자 생성 데이터로 분류하는 경우가 많아졌다. 마지막으로 학습 분석 데이터는 학습 흔적 데이터, 학습자 생성 데이터, 교수자 생성 데이터를 특정 기준이나 계산 모델에 의해 산출한 데이터를 말한다. 학습 분석 데이터는 비율, 시간, 빈도, 관계 등으로 표현되며 교수 학습에 대한 이해와 지식을 기반으로 지표를 설정한다. 가장 널리 활용되는 지표는 출석률, 정답률, 소셜네트워크서비스(SNS) 참여도 등이 있으며 여러 데이터를 결합하여 학습 스타일이나 학습 동기와 같은 요인으로 지표를 설정할 수도 있다.

학습 분석 데이터 기반 개인 맞춤 LLM

학습 분석 데이터가 잘 수집되었다면 이 데이터를 기반으로 학습자에게 필요한 학습 정보와 피드백을 언어로 전달하는 것이 LLM의 역할이다. 누구에게나 똑같은 말을 하는 LLM이 아니라 나에 대한 이야기를 하는 개인 맞춤 LLM의 역할을 하는 셈이다. 예를 들어 학습자 A가 "수학 잘하고 싶어"라는 말을 했을 때 개인 맞춤 LLM은 수학 점수, 수학 학습 이력, 흥미도 등의 정보를 기반으로 학습자 A에게 맞는 정보를 전달할 수 있을 것이다. 수학 점수가 낮고 학습 이력도 없는 학습자와 수학 점수가 높고 학습 이력, 흥미도 모두 높은 학습자에게 주어지는 학습법은 다를 것이기 때문이다. 학습 추천뿐만 아니라 일상적 대화나 정의적 대화 측면에서도 이 두 학습자가 관심을 가질 메시지는 다를 것이다. 이렇게 각자에 맞는 메시지를 전달하는 것이 개인 맞춤 LLM의 역할이다. 한국교육개발원의 연구에 따르면 챗지피티를 활용한 개인 맞춤형 피드백이 학습 참여도에 긍정적인 영향을 주는 것으로 나타났다(한정윤, 2023). 학생들은 챗지피티가 생성한 맞춤형 피드백을 통해 자신이 관심을 받고 있다고 느꼈으며 교사에게 받는 것과 같은 현실감을 느꼈다고 한다.

개인 맞춤 LLM이 내용의 타당성과 적절성을 갖기 위해서는 교육 전문가들의 개인 맞춤 학습 지도 방안을 학습시키는 것이 필요하다. 비유하자면, 개인 맞춤 LLM은 신입 선생님이고, 신입 선생님이 학생들을 잘 지도할 수 있게 해 주기 위해 경험이 많은 선생님들의 안내 또는 지침서가 필요한 셈이다. 앞서 제시한 예시에 따라 수학의 흥미도가 낮은 학생에게는 어떤 피드백을 줘야 하며, 어떤 학습법을 추천해 줄 수 있는지와 같은 지침이 필요하다. 전통적인 방법으로는 학습자 특성 및 학습에 대한 유형 분류에 따라 학습 지도안을 만들 수 있다. 범용적 LLM을 사용할 때는 이런 지침이 곧 프롬프팅이 되기에 더욱 정교하고 내용이 풍부해야 한다. 또한 교육용, 특히 개인 맞춤 지도를 위해 LLM을 학습시키기 위한 학습 데이터도 전문가들의 설계에 따라 구축되어야 한다.

질적 데이터 분석을 돕는 LLM

개인 맞춤 학습을 위한 LLM의 또 다른 역할은 질적 데이터 분석에 있다. LLM이 생성형 모델이라서 문자를 생성만 한다고 생각하는 것은 큰 오해다. 문자를 생성하기 위해서 입력된 문자를 분석하고 적절한 응답을 하기에 이 능력을 활용하면 언어 분석으로 활용하기 적합하다. 학습 분석 데이터 유형 중 학습자 생성과 교수자 생성 데이터는 질적 데이터로서 아직은 활발히 분석되고 있지 못하는 영역이다. 전문적 지식을 가진 사람의 손이 거쳐야 하는 영역이기 때문이다. 교육 특화 LLM이 '전문적 지식을 가진 사람의 손' 역할을 어느 정도 수행할 수 있을 것이다.

학습자 생성 데이터로 분석될 수 있는 대표적인 요인이 학습 동기나 태도 등의 정의적 영역이다. 학습자가 남긴 게시글이나 댓글, 학습 일지, AI 튜터나 선생님에게 전달한 메시지 등의 문자 데이터를 LLM을 통해 분석하여 유의미한 정보를 도출할 수 있다. 예를 들어 한 학생이 평소에 댓글로 학습에 대한 부정적인 태도의 글들을 많이 남겼을 때 이를 LLM이 분석하고 학습자의 학습 태도 영역에 대한 데이터를 입력시킬 수 있다. 이에 학습 태도 관련 데이터를 기반으로 교사에게 상담이 필요하다는 알림을 전해 준다거나, 학생의 게시글에 적절한 내용으로 자동 댓글을 달아 줄 수 있다. 특히 온라인상에서 학습 일기를 쓴다거나 감정을 돌봐 줄 수 있는 서비스들로 확장하여 적극적으로 활용할 수도 있을 것이다.

개인 맞춤 학습에서 점수와 같은 정량적인 정보뿐만 아니라 정성적인 정보도 매우 중요하다. 하지만 지금까지는 정성적 데이터 분석에 많은 시간과 공수가 들어가는 현실적인 한계에 많은 시도가 이루어지지 못했다. LLM은 이러한 현실적 한계를 보완하여 보다 세밀한 부분까지 개인 맞춤 학습을 지원하여 학습자의 만족도를 높이고 교사의 편의성도 높일 수 있을 것이다.

개인 맞춤 학습을 위한 LLM의 방향성

개인 맞춤 학습을 위한 LLM에서 다루는 정보는 학습 분석 데이터를 비롯한 개인정보가 활용된다. 그렇기 때문에 개인정보 보안에 심혈을 기울여야 한다. 공공기관에서는 보안 인증을 받은 소프트웨어만 사용이 가능하기에 챗지피티와 같은 글로벌 기업의 LLM은 2024년 현재로서는 사용이 불가하다. 흔히들 챗지피티를 쓰면 사용자 정보가 국외로 유출된다고 생각하여 공공기관에서는 특히 보수적인 입장을 취하고 있다. 하지만 보안 문제를 과도하게 걱정하고 LLM 사용을 배척할 필요는 없다. 최근 들어 소버린 AI라고 불리는 정책이 각광받고 있는데, 국내 환경에서 보안과 문화 등에 적합한 AI를 구축해야 한다는 움직임을 일컫는다(네이버클라우드, 2024). 이와 같이 LLM을 국내에서 구축하는 것을 비롯하여 국내 클라우드에서 구동시키기 위한 여러 방안이 마련되고 있는 상황이다. 그렇기 때문에 개인 맞춤 학습을 위한 LLM을 활용할 때 개인정보와 보안을 중요한 쟁점으로 다뤄 올바르게 사용해야 할 것이다.

둘째, 학습 분석 데이터를 LLM이 활용할 수 있는 형태로 만드는 것이 필요하다. 학습자의 현재 상태가 어떤지, 어떤 학습과 안내가 필요한지 데이터를 기반으로 프롬프팅을 만들어 LLM에게 알려 주어야 한다. 하지만 이는 말처럼 쉬운 일은 아니다. 왜냐하면 학습 분석 데이터는 수치화된 정형 데이터이며 프롬프팅은 언어화된 비정형 데이터이기 때문이다. 정형 데이터를 비정형 데이터로 바꾸기 위한 작업이 필요하다. 더욱이 어떤 데이터가 유의미한 데이터인지, 어떤 요인으로 데이터를 구성하여 학습자에게 제공해야 할지는 성능을 좌우하는 중요한 단계다. 그렇기 때문에 이는 교육 전문가의 설계가 필요한 영역이다. 학습 분석 데이터와 LLM의 연동이 단순히 기술적인 개발이 아니라 교육 전문가와 기술의 유의미한 합작이 꼭 필요한 이유다.

셋째, 기술적으로 LLM의 윈도우 사이즈라 불리는 프롬프팅의 한계치가 높아져야 하고 장기 기억이 실현되어야 한다. 사용자와 LLM이 나눴던 대화를 기억하여 다음 대화에서 사용하거나 학습자 정보를 보다 오랫동안 기억하고 참고하기 위해서다. 교육이란 한 사람의 생애주기를 통해 쌓이는 데이터를 기반으로 하는 것이기에 이상적인 개인 맞춤 학습을 위해 LLM이 사용되기 위해서는 꼭 필요한 기술이다.

참고문헌

네이버클라우드(2024.8.19). 소버린 AI: AI 시대 네이버의 새로운 도전과 과제. https://me2.do/5eUTwy72

한정윤(2023). 챗지피티(ChatGPT)를 활용한 맞춤형 피드백의 실제와 과제. ≪KDEDI Brief≫, 16호. https://www.kedi.re.kr/khome/main/research/selectKediBriefForm.do?selectTp=0&board_sq_no=41&article_sq_no=35221

Siemens, G., & Baker, R. S. D.(2012). Learning analytics and educational data mining: towards communication and collaboration. In Proceedings of the 2nd international conference on learning analytics and knowledge, pp. 252-254.

04
LLM과 자기주도 학습

교육에서 자기주도 학습은 이상적인 지향점으로 여겨진다. 본 장에서는 자기주도 학습에 영향을 미치는 메타인지, 행동/인지 조절, 학습 동기 요인들을 중심으로 LLM이 어떻게 도움을 줄 수 있는지 설명한다. 또한 앞으로 자기주도 학습을 지원하는 LLM의 개발 방향성에 대해 제시한다.

자기주도 학습의 정의

오래전부터 자기주도 학습(self-directed learning)은 학습자가 익혀야 할 이상적인 학습으로 여겨져 왔다. 특히 미래 사회에 갖추어야 할 핵심 역량으로 자기주도성이 강조되고 있다. 자기주도 학습이란 스스로 학습에 대한 주도권을 가지고 목표를 설정하고, 계획, 실행하고 스스로 자신의 학습을 평가하는 과정을 의미한다(Knowles, 1975). 자기주도 학습과 비슷한 개념으로 자기조절 학습(self-regulated learning)이 나타나기도 했다. 자기조절 학습은 사회인지이론에서 출발한 개념으로 동기적, 인지적, 행동적으로 스스로 적극 참여하는 것을 의미한다(Zimmerman, 1986). 이렇듯 학습자가 학습을 함에 자기주도성을 가지고 자기조절 능력을 기반으로 스스로 학습해 나가는 것이 자기주도 학습이라 할 수 있다.

자기주도 학습은 학생 혼자서 공부하는 것을 의미하는 것이 아니다. 교사는 학생들이 스스로 학습 목표를 설정하고 자신만의 학습 전략을 찾고 적용할 수 있게 지도함으로써 자기주도성을 향상하는 것을 목표로 하고 있다. 교사의 역할이 지식의 전달자가 아닌 학습 촉진자, 안내자가 되어야 한다는 것은 더 이상 새로운 제안이 아니다. 하지만 교사 한 명이 여러 명의 다양한 학생을 관리해야 하는 환경에서 성공적인 자기주도 학습을 지도하는 것은 현실적으로 어려운 일이다. 그렇기 때문에 LLM이 학습자 개개인의 안내자가 되어 줄 수 있다면 성공적인 자기주도 학습을 수행할 수 있을 것이다. 자기주도 학습에 영향을 미치는 요인으로 메타인지, 행동/인지 조절, 학습 동기로 알려져 있다(성은모 외, 2016). 각 구성 요인들을 중심으로 LLM이 어떻게 지원할 수 있을지 살펴보고, 앞으로의 발전 방향성을 제안한다.

메타인지 활성화를 위한 LLM

자기주도 학습에서 메타인지 전략은 매우 중요한 역할을 한다. 메타인지란 어휘 뜻 그대로 '사고의 사고'라고 해석되는데 학습자가 스스로 자신의 인지 과정에 대해 이해하고 문제를 해결해 나가는 것을 의미한다. 학습에서 학습자 스스로 어떤 목표로 무엇을 학습할 것인가 계획하고, 학습 과정이 적절한지 판단하고 의사 결정하는 사고의 과정을 말한다. 일반적으로 자기주도 학습에서 메타인지 과정은 목표, 계획, 모니터링, 평가로 수행된다.

메타인지 활성화를 지원하기 위해서는 질문하는 LLM이 필요하다. AI 튜터의 모습으로 학습자 개인별 적절한 시점에 능동적으로 실행되어 먼저 학생에게 메타인지 과정에 맞는 질문을 던진다. 예를 들어 학습 시작 전에는 학습 목표가 무엇인지, 학습이 끝난 후에는 오늘의 학습은 어떠했는지 등 LLM이 먼저 질문을 던질 수 있다. 질문의 답을 구하며 학습자는 스스로의 학습을 돌아보고 사고할 수 있는 기회를 갖게 되는 것이다. 그리고 학습자의 대답에 대해 LLM이 적절한 피드백과 사고의 확장을 위한 추가 질문들을 생성해 줄 수 있다. 예를 들어 학습이 끝난 후 수학 문제를 다 못 풀었다고 대답하는 학생에게 "수학 문제를 다 풀지 못한 특별한 이유가 있었어?"와 같이 생각의 깊이를 가질 수 있게 도와줌으로써 학습의 안내자 역할을 수행할 수 있다.

인지 전략과 행동 전략을 지원하는 LLM

인지 전략 요인은 학습자가 학습을 위해 필요한 전략을 세우거나 자료를 탐색하고 기억을 위한 정교화, 점검, 시연 등의 인지적 조절을 의미한다(Garrison, 2003). 행동 전략은 학습을 지속하기 위해 시간 관리, 환경 선정, 참여 등의 행동을 조절하는 전략을 의미한다(Song & Hill, 2007). 학습자가 스스로 인지와 행동 영역을 조절하기 위해 여러 전략들을 수행하는데, 그 과정에서 LLM이 도움을 줄 수 있다.

우선 LLM과 묻고 답하는 과정을 통해 학습자 스스로 학습 내용을 정교화하거나 시연해 나갈 수 있다. 특히 학습자의 학습 활동, 결과 등의 데이터를 기반으로 개인별 맞춤 학습 방법이나 전략을 추천해 줄 수 있다. 예를 들어 학습 진행 상황에 따라 하나의 단원이 끝나는 날 "이번 단원의 핵심 내용을 요약해 보세요"와 같이 학습을 점검하는 전략을 수행하게 도와줄 수 있다.

그뿐만 아니라 자료 탐색 도구로서의 역할을 수행할 수 있는데, 이 역시 개별 학습자 특성에 맞게 탐색 결과를 제시할 수 있다. 즉, LLM에게 동일한 질문을 각각 다른 학습자가 묻는다면 LLM은 학습자 특성에 따라 다른 결과와 자료를 제공할 수 있다. 예를 들어 "지진이 일어나는 이유를 알기 위해 어떤 자료가 가장 좋을까?"와 같은 질문을 할 때, 지진과 관련된 이전 학습 결과가 있는 학생과 없는 학생에게 각기 다른 자료를 제시해 줄 수 있는 것이다.

종종 학교 교실 현장에서 학생들은 현재 수업과 관련 없는 질문들을 시시때때로 교사에게 묻는 경우가 많다. 학습에 참여하고자 하는 행동 전략이기도 하고 모르는 것을 탐구하는 인지 전략이기도 하지만 여럿이 함께 공부하는 환경에서는 방해가 되는 행동이기도 하다. 특히 교사 입장에서 여러 명의 학생들이 함께 진도를 맞춰 나가는 수업에서 개개인의 사소한 질문을 모두 해결해 주기란 어려움이 큰 것이 현실이다. 이때 LLM이 개인에 맞는 검색 도구로 대응을 해 준다면 교사와 학생 모두에게 도움이 될 것이라 생각한다. 물론 교실 수업 경영 측면에서 수업 중 온라인 도구의 허용 범위와 같은 수업 관리는 필요하다. 수업 중 궁금한 것이 생겼다면 기록해 두었다가 수업 후 LLM에게 묻기 등의 교수 학습 설계에 포함될 수 있을 것이다.

학습 동기를 돕는 LLM

학습 동기는 자기효능감과 흥미를 가지고 학습에 참여하며 자발적으로 학습을 구성해 나가는 것을 말하며 자기주도 학습에 큰 영향을 미친다(Pintrich, 1999). 동기 조절 측면에서 LLM은 프롬프팅을 하는 과정에서 오는 자기주도성에서 그 맥을 시작한다. 기본적으로 LLM을 활용하는 방식은 질문 또는 명령어와 같이 텍스트를 입력하는 프롬프팅을 통해 원하는 산출물을 얻는 것이다. 이 과정을 수행하다 보면 어떻게 프롬프팅을 하느냐에 따라 결과가 달라질 수 있으며 그 결과를 움직이는 것은 결국 사용자 자신이라는 것을 깨달을 수 있다. 이것을 학습 상황에 적용해 보면 LLM을 학습에 활용하는 주도권은 학습자 자신에게 있다는 것을 의미한다. 학습의 주도권을 가진 학습자는 자연스레 자기효능감과 흥미를 갖게 되고 이는 학습 동기로 이어질 수 있을 것이다.

LLM을 통해 학습 동기를 고취하는 또 다른 방법은 온라인상의 상호 작용이다. 스마트 학습 플랫폼에서는 학생들이 게시글을 올리거나 댓글을 다는 등의 상호 작용 기능들이 있다. 이런 기능들은 학생 간, 학생과 교사 간의 활발한 반응과 상호 작용이 있어야 유지될 수 있다. 하지만 현실적으로는 교사 또는 사람인 운영자가 학생들이 작성한 글에 대해 반응을 해 주는 일은 운영상의 부담이 크다. LLM을 적용하면 학생들의 글에 즉각적으로 적절한 반응과 피드백을 생성해 줄 수 있다. 학생들은 자신의 글이 관심받고 있다 느끼고 이는 지속적으로 동기로 이어질 수 있다. 꼭 학습 내용적인 피드백이 아니더라도 게시글을 확인했다는 메시지, 응원과 유머 등 정서적 반응을 LLM이 수행해 준다면 학생들의 보다 적극적인 참여를 도출할 수 있게 될 것이다.

자기주도 학습을 위한 LLM 발전 방향성

현재 상용되어 있는 범용적 LLM 서비스로는 앞서 말한 여러 자기주도 학습을 지원하기에는 기술적 한계가 있다. 하지만 LLM 기술 자체의 발전 속도도 매우 빨라 하루가 다르게 고도화된 언어 모델이 세상에 나오고 있다. 그뿐 아니라 교육 분야에만 집중한 작은 언어 모델(sLLM)을 만들고자 하는 크고 작은 시도들도 여러 에듀테크 기업과 스타트업 기업을 중심으로 이루어지고 있다. 교육 특화 LLM이 갖춰야 할 공통적인 요소들 외에 자기주도 학습을 위한 LLM은 다음과 같은 기술적, 기능적 특성이 필요하다.

첫째, 자기주도 학습을 안내하기 위해서는 질문하는 LLM, 멀티턴(multi-turn) 기능이 필요하다. 학생의 답변을 끌어내는 것은 곧 생각하게 해 주는 것이다. 그렇기 때문에 학생들이 생각할 수 있는 열린 질문을 던지는 것이 중요하다. 학생의 대답에 이유나 논리적 부가 설명 등을 끌어낼 이어지는 질문과 피드백이 이어지는 멀티턴 기능도 중요하다. 한 번의 질문과 답변만으로는 사고의 확장이 어렵기 때문이다. 꼬리에 꼬리를 무는 질문으로 학생들의 사고를 확장해야 한다.

둘째, LLM이 생성할 언어의 내용이 자기주도 학습을

지원하는 전문적인 내용이어야 한다. 예를 들어 학습 동기가 낮은 학생들에게 어떤 말을 해 줘야 하는지, 학습 결과를 제시할 때 어떤 어투를 담아야 하는지, 부정적인 언어보다 긍정적인 표현을 해야 하는지 등 전문성을 가진 언어가 필요하다. 그렇기 때문에 LLM이 학습할 수 있는 전문가들의 대화 데이터, 자기주도 학습 지도안과 같은 자료들이 필요하다. 그뿐만 아니라 LLM에게 전문적 언어를 학습시키기 위한 데이터 세트 구축이 필요한데 이때 교육 전문가들의 참여가 필요할 것이다.

마지막으로 학습 분석 데이터 연동을 통한 데이터 기반 대화와 함께 대화의 연속성이 필요하다. 자기주도 학습은 결국 개인 맞춤 학습과 맥을 같이 한다. LLM이 학습자 개개인의 학습 상태와 결과를 알고 적시에 실행이 되어 적절한 질문과 피드백을 주기 위해서는 학습 분석 데이터가 필요한 것이다. 더욱이 한 번의 단편적 대화만으로는 자기주도 학습을 지원하긴 힘들다. 즉, 긴 학습 과정 동안 대화의 연속성이 필요하다. 예를 들어 학습 초기에는 학습 목표를 묻고 그를 저장하였다가 학습이 지속되는 동안 정기적으로 LLM이 먼저 학생에게 말을 걸어 학습 과정을 점검하는 등 학습의 길을 안내해 줘야 한다. 특히 초기 학습자가 세운 목표를 잘 수행했을 때 칭

찬을 하거나, 부족했을 때는 응원을 해 주는 등 학습 과정에 따른 대화의 연속성이 중요할 것이다. 그럴 때 비로소 학습자는 LLM이 학습 처음과 끝까지 함께하는 자신만의 학습 안내자로서 존재하고 있다 느낄 수 있을 것이다.

참고문헌

성은모 외(2016). 학습분석학 관점에서 학습자의 자기주도학습 지원을 위한 학습 데이터 탐색 연구. ≪교육공학연구≫, 32(3), 487-533쪽.

이지혜(2010). 자기결정성 학습동기, 메타인지, 자기주도적 학습능력 및 학습몰입과 학업성취 간의 구조적 관계. ≪교육학연구≫, 48(2), 67-92쪽.

정미경(2003). 중학생의 자기조절학습 검사 개발. ≪교육학연구≫, 41(4), 8-182쪽.

Garrison, D. R.(2003). Cognitive presence for effective asynchronous online learning: The role of reflective inquiry, self-direction and metacognition. *Elements of Quality Online Education: Practice and Direction*, 4(1), pp. 47-58.

Knowles, M. S.(1975). *Self-directed learning: A guide for learners and teachers.* Chicago: Association Press.

Pintrich, P. R.(1999). The role of motivation in promoting and sustaining self-regulated learning. *International Journal of Educational Research*, 31(6), pp. 459-470

Song, L., & Hill, J. R.(2007). A conceptual model for understanding self-directed learning in online environments.

Journal of Interactive Online Learning, 6(1), pp. 27-42.
Zimmerman, B. J.(1986). Becoming a self-regulated learner: Which are the key subprocesses. *Contemporary Educational Psychology*, 11, pp. 307-313.

05
LLM 기반 AI 튜터(챗봇)

AI 튜터의 개념은 LLM이 등장하기 이전에도 규칙 기반 챗봇의 형태로 존재했다. 규칙 기반 AI 튜터의 제약을 설명하고 LLM 기반 AI 튜터의 특징을 소개한다. LLM 기반 AI 튜터는 쌍방향 학습을 실현할 매개체며 정서적 관리를 구현할 수 있음을 실제 사례와 함께 제시한다.

AI 튜터의 정의

AI 튜터는 1980년대 지능형 튜터링 시스템(ITS, Intelligent Tutoring System)이라는 개념을 통해 등장하기 시작하였다(Beck et al., 1996). 지능형 튜터링 시스템의 기본적 개념은 학습 내용과 과정, 결과 데이터를 활용하여 진단과 피드백을 제공하는 개인 맞춤 학습을 실현하는 데 있다. 쉽게 예를 들자면 학생들의 수업 중 태도와 시험 결과를 종합 분석하여 개인 맞춤 학습 방법 및 적절한 난이도의 문제를 시스템상에서 자동으로 제공하는 것이다.

초기 지능형 튜터링 시스템은 분석 데이터의 양이나 분석 방법이 제한적이었지만 인공지능의 발달로 더 많은 데이터를 수집, 분석하고 정확한 진단을 내릴 수 있게 되었다. 그뿐 아니라 일방적으로 교사가 학생에게 학습의 결과와 피드백을 전달하던 초기 모습과 달리 자연어 처리(NLP, Natural Language Processing), 음성 인식(STT, Speech-To-Text), 음성 합성(Text-To-Speech)과 같은 언어 관련 인공지능 기술들의 발달로 쌍방향 학습 및 피드백이 가능한 시스템으로 변화하고 있다. LLM의 등장으로 이러한 변화에 가속을 띠게 되었고, 학생과 여러 차례 상호 작용을 주고받을 수 있는 '멀티턴(multi-turn)' 형태의 쌍방향 시스템까지 기대할 수 있게 되었다.

AI 튜터 기능

2025년부터 첫 시행되는 AI 디지털 교과서에서는 AI 튜터의 기능을 다음과 같이 제시하고 있다. AI 튜터에게 궁금한 내용을 질문하면 답변을 제공하는 질의응답 기능, 학습 과정에서 필요한 추가 학습 자료나 부연 설명의 기능, 학습 전략을 제시하거나 학습 진도 모니터링, 피드백 및 성취 평가, 오답 노트 제공 등이다(한국교육학술정보원, 2023). 어찌 보면 지능형 튜터링 시스템에서 기대하는 학습 분석 데이터 기반 맞춤 학습 솔루션 그 자체가 AI 튜터의 기능이라 기대할 수 있다. AI 디지털 교과서 개발에서 AI 튜터의 기능과 실제 형상에 대해서는 의견이 분분하다. 일부 기능들은 대시보드나 추천 학습 등의 별도 서비스를 통해 구현되고 있기 때문에 이 모든 것을 아울러 AI 튜터라 일컫기도 한다. 하지만 통상적으로 AI 튜터라 함은 대화형 매체(에이전트, agent)를 말하며 사람들은 AI 튜터를 생각하면 챗봇(chat bot)이니 인공지능 스피커와 같은 음성 대화 서비스들을 떠올리게 된다.

AI 튜터가 대중에게 쉽게 다가오게 된 계기가 AI 스피커의 등장이다. 구글의 어시스턴트, 아마존의 알렉사, 카카오의 카카오i, 네이버의 클로바(Clova), 케이티(KT)의 기가지니 등 국내외 기업에서 AI 음성 인식 기반의 대화형 매체가 상용되었다. 음성으로 날씨, 뉴스 등의 정보를 검색한다거나, 특정 명령을 내려 TV나 전등 등을 제어하는 등 음성 대화 기반의 시스템이 일상에서 사용되고 있다. 글로벌 기업들이 만든 영어 AI 스피커가 국내에서 영어 학습으로 활용되는 사례가 늘어나면서, 에듀테크 기업들은 교육용 AI 튜터를 개발하기 시작했다. 2020년 한국교육정보미디어학회·한국교육공학회 추계공동학술대회의 발표 논문에서는 교육용 AI 튜터가 범용 AI 스피커와 비교되는 가장 큰 차이는 학습 분석 데이터 기반 능동적 실행이라 설명했다(현주은 외, 2020). 범용 AI 스피커는 사용자가 명령을 실행하여 필요한 정보를 얻는 반면, AI 튜터는 학습 과정과 결과 등과 같은 학습 분석 데이터를 기반으로 학습자에게 필요한 때, 필요한 메시지를 전달하는 것과 같이 능동적으로 실행된다. 하여 AI 튜터의 기능을 학습 시작 전 목표 수립, 학습 중 모니터링, 학습 후 피드백 및 정서적 대화로 정의하여 개발하였다. 예를 들어 학습 시작 전, 학습자가 이전 학습에서 완료하지 못한 학습이 있는 경우, 미완료 학습에 대한 안내를 해 주거나, 학습 중 미집중 상태이거나 찍는 행위가 지속적으로 반복될 때 등장하여 말을 건다. 또한 학습이 끝난 후 칭찬과 응원의 피드백을 기반으로 대화를 나눈다.

규칙 기반 AI 튜터와 LLM 기반 AI 튜터

LLM이 등장하기 전까지 AI 튜터의 대화는 특정 질문과 답을 연결하는 규칙 기반으로 만들어졌다. 인텐트(intent)라 불리는 질문의 의도를 파악하는 NLP 기술이 적용되긴 했지만 그에 따른 답변은 사람이 직접 작성하여 대화 말뭉치를 만들어야 했다. 쉽게 말해 AI 스피커에서 나오는 모든 문장은 사람이 직접 작성한 문장이라 볼 수 있다. 그렇기 때문에 문장의 다양성이 부족하고 질문의 의도 파악이 제한적일 수밖에 없다. 이는 사용자가 AI 튜터에 흥미를 잃게 되는 요소였고 진정한 대화가 이어지기 힘든 요인이었다. 저자가 AI 튜터를 개발할 당시 학생들과의 정서적 대화를 구현하기 위해 학습 동기, 교우 관계, 학습 불안 등 정의적 측면의 주제로 대화 말뭉치를 구성하고자 많은 시간을 투입했다. 하지만 다양한 아이들의 수많은 질문 형태와 의도, 그리고 적절한 답변을 미리 예상하여 말뭉치를 마련해 두기란 불가능에 가까웠다. 그렇기 때문에 현재 서비스되고 있는 AI 튜터는 아이들이 어떤 질문을 하더라도 수용할 수 있는 중립적인 대답으로 응답한다. 기술적 한계로 인해 기획을 제한할 수밖에 없던 아쉬운 경험이다.

LLM이 등장하고 이러한 아쉬움은 기대로 변했다. LLM은 문장을 생성하는 기술이기에 특정 주제에 맞는 의도와 답변 말뭉치를 구축해 둘 필요가 없다. 이미 학습된 다량의 데이터에서 가장 적절한 말을 생성하기 때문에 학생의 발화를 입력값으로 매번 다양한 응답을 생성한다. 즉, 여러 학생이 각기 다른 이야기를 하더라도 그 문맥에 따라 다른 피드백을 생성할 수 있는 것이다. 특히 학습 분석 데이터와 연동이 된다면 개인별 맞춤 성격을 갖춘 AI 튜터가 질문의 의도와 맥락에 따른 맞춤 답변을 할 수 있게 된다.

LLM 기반의 AI 튜터는 이제 막 시작하는 단계로 다양한 시도들이 나타나고 있다. 세계적인 비영리 교육 서비스인 칸 아카데미에서는 칸미고(Khanmigo)라는 AI 튜터를 개발했다. 챗지피티의 주요 LLM인 GPT-4를 적용하여 일대일 맞춤 학습을 제공하는 LLM 기반 대화형 AI 서비스를 선보인 것이다. 칸미고의 가장 큰 특징은 아이들의 질문에 즉답을 하지 않는 것이다. 예를 들어 채팅 방식을 통해 수학 문제 풀이를 질문했을 때 정답을 알려주지 않는다. 대신 문제를 해결하기 위해 필요한 단계적 과정을 제안하며 학생 스스로 문제를 풀 수 있게 유도한다. 자칫 학생들이 AI 튜터를 답을 알아내는 커닝의 도구로 활용할 거라는 우려를 벗은 셈이다.

대화형 챗봇에서 한 단계 더 나아가 버추얼휴먼이라는 가상 AI 인간과 LLM을 결합한 AI 튜터 구현도 늘고 있다. 버추얼휴먼은 AI 기술의 총집합으로 3D 캐릭터 또는 영상 합성으로 가상 인간을 만들고 얼굴 표정, 입 모양을 발화에 맞춰 움직이는 AI 기술과 음성 인식, 음성 합성을 결합해 만들어진다. AI 영어 학습 서비스인 '스픽'에서는 외국인 선생님의 형상을 한 가상 AI 인간과 영어로 대화를 하는 서비스를 선보였다. 가상 AI 인간과 실제로 대화를 하는 것과 같은 환경 속에서 영어 연습을 하고 피드백도 받게 되어 몰입을 높였다. 아이스크림 홈런에서도 최근 '드림쌤'이라는 버추얼튜터를 출시했는데 학습 분석 데이터와 연동하여 학습자의 자기주도 학습을 모니터링하고 학습자가 스스로 자신의 학습을 점검할 수 있게 도와주는 역할을 하고 있다. 기존 AI 튜터들은 로봇과 같은 캐릭터를 활용했던 반면, 실제 교사와 같은 사람의 형상을 한 가상 인간을 적용하여 학습자와 AI

튜터의 관계 형성에 더욱 몰입할 수 있게 했다. 특히 교육용 LLM으로 별도 구축된 모델을 사용하였는데 LLM이 먼저 학생에게 질문을 던지고 정서적 피드백을 제공하는 특징이 있다. 초등학생들의 특징적 대화 양상을 분석하고 이를 LLM에 학습시킴으로써 보다 교육적 특성에 맞게 구현한 것이 특징이라 할 수 있다.

참고문헌

한국교육학술정보원(2023). AI 디지털교과서 개발 가이드라인. ≪교육자료 GM 2023-11≫. 한국교육학술정보원.

현주은 외(2020). 학습 분석 데이터를 기반으로 한 능동형 AI튜터 개발과 활용 가능성. 한국교육정보미디어학회/한국교육공학회 추계공동학술대회.

Beck, J., et al.(1996). Applications of AI in Education. XRDS: Crossroads, *The ACM Magazine for Students*, 3(1), pp. 11-15.

06
LLM을 활용한 교수 학습 활동

구성주의적 관점에서 LLM을 바라보고 교수 학습 설계에 적극 활용하는 방안을 제시한다. 교사들은 LLM을 통해 보다 편하고 효과적인 수업을 설계할 수 있다. 특히 언어 모델로서 대화의 속성을 활용하여 학습 촉진자이자 학습 동료로서 LLM을 적용할 수 있다. 대표적인 학습 활동으로 프로젝트 기반 학습(PBL)을 소개한다.

구성주의 관점에서의 LLM 활용

LLM을 교수 학습 설계에 적용할 때 먼저 교육학의 구성주의(constructivism) 관점을 이해할 필요가 있다. 구성주의에서 지식은 학습자의 경험을 기반으로 자신이 해석하고 구성하는 산물로 여겨진다(Yager, 1991). 그렇기 때문에 학습자가 유의미한 경험을 통해 스스로 지식을 구성하고 의미를 창출해 나갈 수 있게 수업 설계가 이루어져야 한다. 구성주의적 관점에서 교사의 역할은 단순히 지식의 전달자가 아니라, 학습자가 지식을 발견하고 자신의 경험을 기반으로 재구성해 나갈 수 있게 도와주는 안내자, 또는 촉진자다. 학습자 중심의 수업 환경을 강조하는 협동 학습, 토론 수업, 프로젝트 수업 등이 대표적인 구성주의적 수업이며 평가로는 수행 평가를 들 수 있다.

생성형 AI인 LLM은 정해진 틀 안에서 고정된 지식이 제공되는 전통적인 기술과 달리 사용자의 요구와 조건에 따라 반응적 결과를 제공한다. 그렇기 때문에 사용자가 어떤 경험과 배경지식을 가졌는지, 어떻게 요구하는지에 따라 응답이 달라진다. 이것을 구성주의 관점의 교수 학습설계에 적용해 보면 학습자 개인의 경험과 기존 지식을 기반으로 새로운 지식을 구성해 나가는 환경이

조성될 수 있음을 의미한다. 고정된 답을 지식으로 산출하고 받아들이는 것이 아니라, 지식을 수정하고 자신의 언어를 더해 재구성할 수 있는 장을 LLM이 만들어 줄 수 있다. 이러한 장은 LLM을 통한 쌍방향 학습으로 구현될 수 있다. 지식을 수정하고 자신의 언어를 더하는 과정에서 LLM이 적절한 안내와 피드백을 줄 수 있고, 산출물에 대한 피드백을 반응적으로 제공할 수 있다는 것이다. 그뿐 아니라 LLM을 통해 자연어로 사람과 AI가 대화할 수 있게 되면서 상호 작용을 통한 학습의 촉진을 기대할 수 있게 된다. 과제를 끝까지 수행할 수 있는 동기와 응원을 대화라는 형식을 통해 제공할 수 있게 된다.

교사는 교수 학습을 설계할 때 이러한 LLM의 특징과 기능을 잘 활용하여 어떤 학습 목표에 LLM을 어떻게 활용할 것인가에 대한 계획을 수립해야 한다. 아직은 특정 교육적 목적에 맞는 LLM이 널리 활성화되지는 않았지만, 교수자의 의도와 학습 목표에 따라 어떤 LLM을 쓸 것인가를 선택하는 것도 주요한 교수 학습 설계의 단계가 될 것이다.

생성형 AI를 활용한 교수 학습 프레임워크

한국교육학술정보원(KERIS)에서는 생성형 AI를 활용한 교수 학습 프레임워크 개발 연구와 함께 운영 가이드를 발표했다(박선아 외, 2024). 이 연구에서는 생성형 AI를 활용한 교수 학습 설계 모형인 GATe(Generative AI based Teaching and Learning Framework) 프레임워크를 개발하였다. 상용되고 있는 생성형 AI 서비스 정책에서 14세 이상을 권장하고 있어 GATe는 중고등학교 수업을 대상으로 다루고 있으며, 공통 프레임워크와 함께 국어, 영어, 음악, 정보 교과별 세부 프레임워크를 제시하고 있다. 공통 GATe 프레임워크는 수업 기획, 수업 설계, 수업 실행, 수업 환류 4단계의 과정으로 구성되어 있다.

첫 번째 수업 기획 단계는 AI 이용 요건을 확인하고, 교육 과정과 학습자, 수업 환경을 분석하는 단계다. AI 서비스가 실제 적용하려는 교육 과정과 환경에 부합하는지를 사전 확인하는 과정으로 AI 서비스를 사용하기 위해 사용자 및 보호자 동의 여부를 확인하는 과정이 포함되어 있다. 특히 사용자인 학습자의 AI 활용 수준을 파악하고, AI를 적용할 수업의 주제와 난이도 등을 분석할 필요가 있다.

두 번째 단계인 수업 설계 단계에서는 학습 목표를 확인하고 생성형 AI를 활용하는 이유와 특징, 인공지능 윤리를 익힌다. 이 단계는 과제 탐색 및 질문 생성, 자료 탐색 및 생성, 비판적 사고 및 창의적 결과 도출, 공유 및 성찰, 메타적 읽기 및 감성적 체험으로 구성되어 있다.

수업 실행 단계는 교사 활동, 생성형 AI 활동, 학생 활동으로 구분하여 제시된다. 수업 실행 단계에서 교사의 역할은 학습 목표 안내하기, 생성형 AI 활용 안내하기, 문제 상황 제시하기, 탐색 활동 조력하기, 비판적 사고 촉진 및 문제 해결 지원하기, 활동 이력 확인 및 평가하기로 제시된다. 학생은 학습 목표 이해하기, 생성형 AI 탐색하기, 질의하며 과제 이해하기, 자료 수집 및 가공하기, 소통을 통한 결과 도출하기, 공유 및 성찰하기의 세부 활동을 가진다. 교사, 학생과 함께 수업 실행 중 생성형 AI 역할이 제시되는데 생성형 AI 사용법 및 질문법 설명, 질문 인식 및 답변 생성, 데이터 분석 및 정교화, 과제 해결 및 결과물 생성 지원, 학습 이력 분석 및 출력의 내용을 담고 있다. 생성형 AI를 수업 활동에서 주요한 활동 주체로 보고 있으며 데이터를 기반으로 수업 보조적 지원 역할을 기대하고 있음을 알 수 있다.

GATe 프레임워크의 마지막 단계는 수업 환류 단계로 수업 분석, 평가 및 개선을 다루고 있다. 이때 학습 과정과 결과에 대한 양적 데이터 분석과 사용자 의견 수렴과 같은 질적 분석을 함께 다룬다. 이 과정을 통해 수업에서 생성형 AI의 기여도 등을 종합적으로 평가하여 차기 수업 계획에 반영하게 된다.

PBL 수업 활용

구성주의적 관점의 수업 방식 중 대표적인 수업은 프로젝트 기반 수업(Project based learning) 또는 문제 기반 수업(Problem based learning)이 있다. 이 두 수업 방식은 정의하는 학자들에 따라 약간씩의 차이가 있지만 일반적으로는 동일한 목적과 방식을 가지고 있으며 PBL이라는 동일한 개념으로 사용되기도 한다(Larmer et al., 2019). 이 책에서도 프로젝트의 개념을 문제를 해결하기 위한 과제라는 관점에서 바라보고 프로젝트 기반 수업과 문제 기반 수업을 동일한 개념으로 삼고 PBL이라는 용어를 사용하고자 한다.

PBL의 특징은 다음과 같다. 첫째, 문제 해결을 하는 과제가 주어진다. 단편적으로 지식을 이해하고 암기하는 것에 그치는 것이 아니라, 문제를 해결하는 데 지식을 적극적으로 활용하고 응용하는 능력이 요구된다. 둘째, PBL에서 다루는 과제는 실제적(authentic)이다. 일상생활이나 사회에서 경험할 수 있는 다양한 문제들을 과제로 삼고 해결 방안을 찾는다(Sarvey & Duffy, 1995). 이는 과제에 대한 동기와 몰입을 가질 수 있게 함과 동시에 실질적인 사회 구성원으로서 역할을 인지하게 한다. 마지막으로 학생 중심적 학습 방법이다. 과제를 수행하는 문제 해결 방식과 의사 결정에 학생들이 주도적으로 의견을 제시하고 결정할 수 있게 해야 한다. 때로는 과제의 주제 또한 학생들이 스스로 결정할 기회를 주기도 한다.

LLM은 이런 특징들을 더 효과적으로 강조할 수 있는 좋은 도구다. 우선 현재 상용화된 범용 LLM을 활용하는 방안은 다음과 같다. 교사가 PBL 수업 활동지를 만들 때 LLM을 활용할 수 있다. 프로젝트 주제, 즉 해결할 문제를 정하는 데 LLM의 도움을 받을 수 있다. 특히 수업 진도와 관련된 내용으로 연계 주제를 정하고 싶을 때 관련한 아이디어를 챗지피티에 물어볼 수 있다. 또한 그 과제를 해결하기 위한 방식, 예시, 실제 사례 등을 찾아 활동지를 구성할 수 있다. 다만, 챗지피티는 최신 정보에 대해 학습되어 있지 않고, 정확하지 않은 가짜 정보를 생산할 가능성이 크기 때문에 최종 수정과 사용의 선택은 교사의 검토를 거쳐야 한다.

학생들이 수업 중 직접 챗지피티를 활용하는 방안도 사용 가능하다. 이때 중요한 것은 무엇이든 물어보는 검색 도구로써 챗지피티를 사용하기보다, 구조화된 질문을 던질 수 있게 교사가 미리 지도안을 마련해야 한다. 예를 들어 '해결해야 할 문제와 유사한 문제나 사례를 찾아보세요', '이 문제에 대한 챗지피티의 의견을 묻고 정리하고, 그에 대한 자신의 생각을 작성하세요'와 같이 특정한 활동을 할 수 있는 수행 과제를 마련해 주어야 한다. 주의해야 할 것은 PBL을 수행할 학생들이 스스로 해야 할 일을 LLM이 대신해 주는 방식은 지양해야 한다는 점이다. 예를 들어 '초안을 작성하세요', '챗지피티를 활용하여 의견을 정리하세요'와 같이 직접적으로 학생의 결과물을 대신 정리해 주는 방식의 활동은 피해야 한다. 대신 챗지피티를 학생의 동료 또는 보조 교사로 인식하고 또 다른 의견을 수집, 비판할 활동으로 활용하기를 권장한다.

PBL 수업에서 LLM을 보다 적극적으로 활용하기 위해서는 PBL을 위한 특화 LLM이 필요하다. 특히 수업에서 사용되는 해결해야 할 문제들은 시의성을 띠는 주제들이 많다. 그렇기 때문에 새로운 정보를 LLM이 인식할 수 있게 반영해야 한다. 이때 기술적으로 새로운 정보 데이터를 PDF 문서 파일로 업로드하여 LLM이 활용할 수 있게 하는 방식을 활용할 수 있다. 또한 학생들이 직접 사용할 용도라면 학생들에게 답을 바로 가르쳐 주기보다 의견을 묻고 찬반 토론을 할 수 있는 언어가 학습되어야 한다. 예를 들어 학생이 LLM에게 어떤 문제 해결 방식을 이야기했을 때 LLM의 대답은 학생의 문제 해결 방식의 적절성을 판단하는 것을 포함하여 새로운 문제 제기를 하거나 동의를 하는 등의 방식이 되어야 한다. 이러한 말하기 방식을 LLM이 구현하기 위해서는 PBL 교육 특화 sLLM 또는 시스템이 필요하다. PBL로 다루는 주제와 다양한 해결 방식, 교사와 학생의 상호 작용을 참조한 대화 구성 등을 데이터로 구축한다면 유의미한 PBL 활동을 구현할 수 있을 것이다.

참고문헌

박선아 외(2024). 생성형 AI를 활용한 교수학습 프레임워크 개발 연구(연구보고 RR 2024-01). 한국교육학술정보원.

Larmer, John., et al.(2015). *Setting the Standard for Project Based Learning*. ASCD. 최선경 외 옮김(2017). 『프로젝트 수업 어떻게 할 것인가?』. 지식프레임.

Savery, J., & Duffy, D.(1995). Problem-based learning: An instructional model and its constructivist framework. *Educational Technology*, 35, pp. 31-38.

Yager, R. E.(1991). The constructivist learning model. *Science teacher*, 56(6), pp. 52-57.

07
LLM과 국어 교육

LLM이 도입되며 국어 교육에서 나타나는 변화를 살펴보고, LLM의 역할을 논의한다. 특히 LLM을 활용한 글쓰기와 독후 활동 방안에 대해 저자의 경험과 함께 설명한다. LLM이 글을 대신 써 주는 도구가 아닌 표현력과 사고력을 향상할 수 있는 지원 도구로 활용되기 위한 앞으로의 방향성을 함께 제안한다.

비판적 읽기와 자기주도적 글쓰기

챗지피티가 대중화되면서 LLM의 도움을 받아 글을 쓰거나 정보를 찾는 일이 많아지고 있다. 챗지피티 등장 초기에는 사고력 저하, 표절 등의 이슈로 챗지피티를 사용한 창작물에 대한 우려와 거부감이 컸다. 심지어 미국의 작가 조합에서는 생성형 AI로 대본 작업을 하는 것을 규제해야 한다며 파업을 강행하기도 했다(김효진, 2023). 하지만 챗지피티가 하나의 AI 도구로 자리 잡은 지금, 업무나 일상 속에서의 글쓰기뿐만 아니라 전문적인 글쓰기 영역에서도 챗지피티는 활발히 사용되고 있다. 이러한 변화는 국어 교육 분야에서도 나타나고 있다.

국어 교육 분야에서 챗지피티를 AI 도구로 받아들이며 활용하는 기저에는 미래 교육에서 꼭 필요한 읽기 쓰기의 방향성이 있다. 첫 번째로 비판적 읽기와 메타적 읽기다. 우리가 살고 있는 정보화 시대에는 정보를 암기하는 것보다 양질의 정보를 수집하고 비판, 분석하여 새로운 정보를 산출해 내는 역량이 중요하다. 이때 필요한 것이 정보의 정확성과 가치를 판단하는 비판적 사고다. 비판적 읽기는 이러한 비판적 사고를 가진 읽기를 말한다. 다시 말해 주어지는 글감을 수동적으로 독해하고 그치는 것이 아니라 자신의 관점으로 분석, 판단하며 궁극적으로 자신만의 의미를 재구성하는 것을 의미한다(Irwin & Baker, 1988). 챗지피티가 생성하는 언어는 거짓된 정보가 포함되었을 수 있고, 학습된 데이터의 편향성이 존재할 수 있기 때문에 비판적 읽기가 필요하다. 비슷한 맥락으로 메타적 읽기 또한 강조된다. 메타적 읽기는 학습자가 스스로 자신의 읽기 과정을 점검하며 이해가 부족한 경우에 이를 보완하기 위한 상호 작용, 정보 찾기 등을 통해 채워 나가는 것을 일컫는다. 챗지피티에게 요청한 결과가 이해하기 어렵거나 자신이 생각한 결과와 다를 때 계속적인 질문과 응답을 통해 결과에 대한 이해를 높여 가는 과정을 메타적 읽기 활동으로 볼 수 있을 것이다.

두 번째로 강조되는 것은 자기주도적 글쓰기다. 앞서 언급한 비판적 읽기에서도 핵심은 학습자가 학습의 주체가 되는 학생 중심 교육에 있다. 같은 맥락으로 자기주도적 글쓰기 역시 학습자가 능동적으로 글쓰기에 참여하는 것이다. 챗지피티에게 글쓰기의 자료를 요청하고 글로 다듬으며, 원하는 답을 얻기 위해 질문과 퇴고를 반복하는 과정이 곧 자기주도적 글쓰기가 될 수 있다. 가장 중요한 것은 챗지피티가 산출하는 글을 최종 산출물로 여기지 않고 학습자가 자신의 언어로 재구성하는 과정을 거치는 것이다. 교육 현장에서는 학생들로 하여금 LLM이 글을 대신 써 주는 기계가 아닌, 자기주도적 글쓰기를 지원하는 도구로 인식하는 것이 선행되어야 할 것이다.

LLM 기반 글쓰기 학습 서비스

국어 교육 분야에서 LLM을 가장 활발하게 활용할 분야는 글쓰기일 것이다. 교육 분야 외에도 광고 글쓰기, 콘텐츠 제작 등 글쓰기 분야에서 LLM은 소재 제안, 초안 작성 등으로 활발히 활용되고 있다. 국어 교과에서 활용되는 대표적인 LLM 기반 서비스에는 '자작자작', '키위티', '드림라이팅' 등이 있다. 앞의 두 서비스는 온라인 글쓰기 서비스를 제공하고 글쓰기 평가와 피드백을 LLM을 기반으로 제공한다. 글을 쓰는 과정에서도 제목을 추천해 주거나 문법을 점검해 주는 방식으로 LLM이 활용되고 있다.

드림라이팅은 저자가 2023년 LLM 등장 초기에 초등학생을 대상을 만든 LLM 기반 글쓰기 서비스다. LLM의 등장 초기였던 당시, 챗지피티의 1/30 수준의 성능인 오픈소스 모델을 사용한 실험적 개발이었다. LLM을 글쓰기 서비스에 적용하며 강조한 첫 번째 특징은 '대화'다.

대화는 언어 모델에서 구현하기 가장 어려운 영역 중 하나로 알려져 있다. 아직 LLM 분석과 실증이 부족했던 당시 대화의 맥락을 담으면서도 가장 단순한 기술로 풀어낼 수 있는 기획이 필요했다. 온전한 대화는 아니지만 'LLM과 상호 작용을 한다'는 맥락으로 대화를 표방하고자 했다. 바로 하나의 주제를 LLM과 아이가 한 문장씩 주고받으며 이야기를 완성해 나가는 방식이다. 이에 따라 기획 초기 가칭이 '릴레이 글짓기'였고 실제 릴레이하듯 글짓기를 수행하며 흥미를 높일 수 있었다.

두 번째 특징이자 기대했던 바는 아이들의 사고력과 창의력을 자극하는 것이었다. LLM이 생성해 낸 문장을 가지고 아이들은 어떻게 그다음 이야기를 확장할 것인가를 생각해야 한다. 그리고 자신이 쓴 문장을 이어받아 LLM이 어떻게 그다음 이야기를 생성해 내는지를 살펴보며 새로운 생각을 접하고 사고를 확장할 수 있다. 이것이 곧 창의성으로 이어질 수 있다고 생각한다. 세상에 완전히 새로운 것은 없다는 말이 있듯이 창의성이 나타날 수 있는 자극과 지시적 경험을 LLM을 통해 얻기를 바랐던 의도다. 실제로 서비스를 경험한 사용자들의 후기는 이러한 기획 의도가 잘 맞아떨어졌음을 증명해 주었다. 초등학생들이 드림라이팅을 사용하고 남긴 후기들을 보면

'이렇게도 이야기가 펼쳐질 수 있다는 것을 깨달았다', '글쓰기 시작은 늘 막막한데 AI와 함께 글을 써서 외롭지 않았다' 등이 있어 기획 의도가 잘 전달되었음을 알 수 있었다.

마지막으로 가장 중요한 특징은 글쓰기 서비스의 마지막 단계인 '나의 언어로 다시 쓰기 단계'다. LLM과 한 문장씩 주고받으며 이야기를 전개했지만, 최종 단계에서는 그 주고받은 문장들을 최종 산출물로 제시하지 않는다. 대신 주고받은 문장들을 글쓰기 아이디어, 초안으로 제시하고 대화를 기반으로 글을 다시 쓰게 한다. 앞서 이야기했듯이 이 서비스에 쓰인 LLM 모델의 성능은 챗지피티에 비해 성능이 부족한 상태였기에 LLM이 생성해 낸 문장들에는 분명 많은 오류와 주제와의 어긋남이 있었다. 하지만 오히려 아이들은 AI도 완벽하지 않다는 것을 몸소 느끼며, AI가 만든 문장들을 자신이 고쳐 나가며 글을 쓰는 것에 대해 자부심과 재미를 느끼곤 했다. 이 과정에서 동시에 자연스럽게 비판적 사고가 향상되기도 했다.

드림라이팅은 글쓰기 서비스에 LLM을 적용하여 얻을 수 있는 가치에 대한 가능성을 보여 준 서비스라 생각한다. 각 학급에 맞는 다양한 글감과 주제에 대한 글쓰기로 확장하고 글쓰기 평가 모델까지 더해진다면 학습자 중심의 글쓰기 지원 도구로 LLM이 빛을 발할 수 있을 것이다.

독후 활동을 통한 문학 작품의 이해

국어 교과에서 LLM을 활용하는 또 다른 방안은 독후 활동으로 문학 작품의 이해를 돕는 데 사용하는 것이다. 칸아카데미에서 만든 LLM 기반 AI 튜터인 '칸미고'는 문학 작품의 주인공이 되어 학습자와 대화를 나누는 기능을 제공하고 있다. 학습자는 문학 작품 『위대한 개츠비』에서 개츠비의 행동에 대한 이유에 대해 칸미고에게 묻는다. 이때 칸미고는 문학 작품의 주인공인 개츠비가 되어 1인칭 시점으로 질문의 답변을 하게 된다. 학습자는 실제로 개츠비와 대화를 나누는 것과 같이 몰입하게 되며 주인공의 심리적 변화, 행동에 대해 보다 깊이 이해할 수 있게 된다. 이처럼 책을 읽고 난 후 내용의 이해가 부족했던 점뿐만 아니라 책 속에서는 드러나지 않은 이후 이야기나 책 읽고 난 후의 감정과 생각을 등장인물과 대화를 나누며 펼칠 수 있다. 혼자서 책을 읽고 끝나기 쉬운 독서 활동에서 쌍방향 독후 활동을 LLM이 도와줄 수 있는 것이다.

이를 위해서는 문학 작품에 대해 학습이 된 교육용 LLM 구축이 필요하다. 일반적인 LLM도 유명 문학 작품에 대한 이해는 일부 되어 있지만 한국 문학 작품이나 다양한 연령대의 책을 다루는 데는 한계가 있다.

문학 작품이나 도서들을 학습시키기 위해서는 저작권이 가장 큰 고려 사항이 될 수 있다. 잘못 학습되었을 때 작가의 의도와 다른 내용을 LLM이 전달하거나 왜곡된 이야기를 생성하게 되는 등의 문제는 기술적으로 해결해야 할 문제다.

책을 읽고 책에 대한 생각과 대화를 나누는 활동은 매우 중요한 활동이다. 전통적으로는 부모, 동료, 또는 교사와 이러한 대화를 나누며 책을 이해하고 자신의 생각을 정리할 수 있었다. 하지만 대화를 나누어 줄 교사나 부모와 같은 '사람'이 부재한 환경에서, 또는 시간과 공간의 제약 없이 이러한 활동을 할 수 있게 도와주는 것이 LLM일 것이다. 학습자가 책을 읽고 난 후 LLM과 대화를 통해 책을 이해하고 문학 작품 속 주인공을 만나 볼 수 있는 서비스로 구축이 된다면 교육적 LLM의 가장 큰 성과가 될 것이라 믿는다.

앞으로의 과제

글쓰기와 같은 국어 교육에서 LLM을 활용하기 위해 필요한 과제는 첫 번째, 기술 관점에서의 과제가 있다. 현재 널리 사용하고 있는 범용 LLM 서비스를 사용하는 것에는 한계가 있다. 글쓰기 소재를 얻거나 초안 작성 등을 요청하는 것은 충분히 범용적 LLM으로 가능하지만 이는 대신 글을 써 주는 것으로만 국한되기 쉽다. 그렇기 때문에 LLM을 적용한 특정 목적의 학습 서비스를 개발하여 이러한 제한점을 극복해야 한다. 학습 서비스이니만큼 LLM을 활용한 학습 목표와 교수 설계가 포함되어야 하고, 국어 교육 과정에 따른 성취 기준과 내용이 반영되어야 한다. 특히 챗지피티와 같이 대화에만 국한되지 않고 글쓰기, 논지 전개, 토론 등 다양한 교수 학습 형태에 맞춘 서비스 구현이 필요하다. 무엇보다 LLM을 적용할 때 학습자들이 스스로 생각하고 비판할 수 있는 시나리오와 기능이 구현되어야 할 것이다.

두 번째 과제로는 글의 이해와 표현에서 LLM에 대한 이존도가 높아져서는 안 되며, 글의 본질을 잃지 않기 위한 지도가 필요하다. LLM의 도움을 받아 글쓰기에 익숙해진 사람들은 아무것도 없는 백지에 글을 쓰는 것을 어려워하게 될지도 모른다. 마치 휴대폰이 생긴 이후 친한

친구들의 전화번호를 외우지 않게 되고 휴대폰의 주소록 없이는 공중전화에서 친구에게 전화를 걸 수 없게 된 것처럼 말이다. 그렇기 때문에 LLM을 활용한 서비스에 초점을 맞추기보다 책을 많이 읽는 등 본질적 가치에 더 많은 시간을 쏟아야 할 것이다. 본질적 가치 습득이 충분히 이루어졌을 때 LLM을 적재적소에 활용하여 효과성이 나타날 수 있을 것이다.

마지막으로 앞서 언급했듯이 유명한 문학 작품뿐만 아니라 원저작자가 있는 다양한 글과 작품에 대한 고유성을 인정하는 인식이 필요하다. 저작권으로 표현되는 제도적 권리뿐만 아니라 원작자의 산출물을 인정하고 그를 수정하거나 활용하는 범위에 대해 교사와 학습자가 모두 잘 알고 따라야 할 것이다. 교실 내에서 학생들이 만드는 크고 작은 글과 작품들 역시 그 범주 안에서 생각해야 한다. 아직 생성형 AI의 학습 데이터 및 생성된 산출물의 저작권에 대한 적절한 법적 제도나 권리가 완전히 형성되지는 않았다. 하지만 저작권이 중요하다는 점을 교육에서부터 잘 인식시켜 주어야 할 것이다.

참고문헌

김효진(2023.5.3). “AI 대본 안된다”…미 할리우드 작가 15년 만에

총파업. ≪프레시안≫,
https://www.pressian.com/pages/articles/2023050317420996488

Irwin & Baker(1988). *Promoting Active Reading Comprehension Strategies: A Resource Book for Teachers*. Prentice Hall.

08
LLM과 영어 교육

LLM이 영어 교육에 활용되는 사례를 제시하고, LLM이 어떤 역할과 기능을 할 수 있는지 설명한다. 우리나라에서 영어를 공부할 때 경험하는 어려움을 LLM이 해결해 줄 수 있을 것이라는 기대를 가진다. 교사가 활용할 수 있는 안과 학생 스스로 LLM을 통해 학습할 수 있는 활용안을 논의한다.

우리나라 영어 교육의 문제 해결

영어 교육 분야는 AI를 가장 활발하게 활용하고 연구하는 교육 분야 중 하나다(양혜진 외, 2019; 이예나, 2022). 그 이면에는 우리나라 영어 교육에서 직면하는 문제를 해결하고자 하는 목표가 담겨 있다. 우선 우리나라 영어 교육 환경은 독해, 문법 중심으로 이루어져 있고, 말하기, 쓰기 등의 의사소통 중심의 영어 학습이 부족한 환경이다. 영어가 대학 입시 과목, 자격증, 취업 도구로 활용되다 보니 시험에 필요한 독해, 문법 중심으로 학습을 하게 되는 것이다. 특히 학교 교육 환경에서는 한 교실에 여러 학생들이 모여 강의식으로 진행하는 수업이 많고, 선행 학습 여부에 따른 학습 격차가 크다. 그렇기 때문에 보다 각자의 수준과 방법에 맞게 영어를 학습하고 연습할 기회가 있어야 한다는 요구가 커지고 있다.

AI 기술은 이와 같은 요구를 해결하기 위해 적극 활용되고 있다. 2018년경 AI 스피커가 대중화되면서 음성 인식, 음성 합성, 발음 평가 AI 기술이 소개되었는데, 영어 말하기 연습과 평가에 본격적으로 활용되기 시작했다(현주은 · 임희주, 2019). 영어 말하기 기회가 부족했던 학습자들에게 자신만의 공간에서 자신의 속도로 영어 말하기 연습 기회를 제공하고 AI 기술을 통해 피드백해 줄 수 있게 된 것이다. 공교육에서도 AI 펭톡이라는 영어 말하기 시스템을 개발하여 적극 활용하고 있다. 많은 연구를 통해 AI 기반 영어 말하기 시스템이 영어 학습에 긍정적인 효과가 있음을 알 수 있다(차수미, 2023). AI 기반 영어 학습의 가장 큰 장점은 개인별 학습이 가능하고 풍부한 의사소통 기회 제공, 정의적 측면에서 긍정적 효과를 준다는 것에 있다. LLM으로 발전된 AI는 보다 더 자연스러운 영어 습득 환경을 마련해 줄 것으로 보인다. 기존 AI에서 부족했던 실제성과 자연스러운 대화는 물론이고, 서비스를 개발하는 입장에서도 더 다양한 언어와 콘텐츠를 제공해 줄 수 있을 것이라 기대한다.

영어 상호 작용의 기회 확장

챗지피티나 클로드와 같은 범용적 LLM 서비스는 14세 미만 사용자들의 직접 사용을 제한하고 있다. 다만 교사와 부모 지도하에 AI 리터러시를 기르고 비판적 사고를 함양해 가며 단계적으로 사용해 보는 것도 나쁘지 않다. 특히 LLM이 주는 상호 작용 기능과 영어의 실제성(authenticity), 개인화 사용은 학습자로 하여금 불안감을 낮추고 영어 학습 동기를 고취할 수 있는 좋은 요소로 작용할 수 있다. 특히 학습자가 직접 LLM과 대화를 나눌

때 영어와 한국어를 섞어서 써도 LLM이 이해를 하고 상호 작용이 진행될 수 있기에 학습자는 영어에 대한 강박과 실수에 대한 두려움을 버릴 수 있다.

초급자들을 위한 대표적인 활용은 LLM과의 게임이다. 단어 철자 학습을 위한 영단어 끝말잇기 게임, 문장 이어 쓰기 게임 등이 있다. LLM과 게임을 할 때 특징 중 하나는 게임의 규칙을 학습자가 스스로 만들 수 있다는 것이다. 예를 들어 영단어 끝말잇기 게임을 할 때 뜻도 같이 말하기라든가, 다섯 철자 이상의 단어로 제한하기 등 스스로 규칙을 세움으로써 메타인지를 활성화할 수 있다. 즉, 자기 자신의 수준을 스스로 인지하고 그에 맞게 게임을 진행하고 도중에 언제든 단계나 방식을 조정하며 자신에게 맞춤 운영을 할 수 있다는 것이다.

중 · 상급 학습자들에게는 영어를 말하고 쓰는 출력(output)의 기회를 높일 수 있다는 측면에서 활용도가 높다. 독해나 문법 등의 지식은 많지만 실제 말하기 연습 기회가 적은 한국 영어 교육 현장에서 연습(practice) 기회를 확대할 좋은 도구인 셈이다. '여행에서 활용할 영어 회화 롤플레잉 하기'와 같이 특정 주제와 상황에 맞는 대화를 LLM과 나눌 수 있다. 이때 프롬프팅으로 LLM에게 상황과 역할을 부여하면 보다 실질적인 대화로 몰입하기 좋다. 프롬프팅 예시는 다음과 같다. "지금부터 나와 영어 회화 연습을 하자. 나는 지금 여행 중에 길을 잃었고, 너는 길을 알려 주는 상황이야. 자, 시작할게. Excuse me."

게다가 중·상급자 학습자들에게는 자기 평가(self-evaluation) 측면에서 자기주도 학습을 도와줄 수 있다. 예를 들어 특정 주제에 대해 LLM에게 글쓰기를 시키고, 자신이 쓴 글과 스스로 비교해 보는 활동을 할 수 있다. 이 과정에서 학습자는 자신의 산출물을 점검하고, 부족한 부분과 잘한 점을 파악하며 비판적 사고를 할 수 있다.

교사 수업 활동 자료 제작

일반적으로 공개되어 있는 글로벌 LLM의 대다수는 영어가 주요 언어로 학습되어 있어 한국어 성능보다 영어 성능이 더 좋다. 이는 영어의 제국주의적 관점에서의 또 다른 논의거리가 되곤 하지만, 일단은 LLM을 영어 교육에 쉽게 활용할 수 있음을 기대할 수 있다. 대중적으로 널리 사용되고 있는 챗지피티나 클로드와 함께 이미지 생성 AI를 활용한 교수 학습 활용법을 제시하고자 한다. 즉 교사가 프롬프팅을 통해 교수 학습 설계를 하고 활동 자료를 만들기 위한 초안을 만드는 것이다. 기본적인 프롬프팅 노하우는 한 번의 프롬프팅으로 원하는 산출물을 얻기보다, LLM의 응답에 따라 여러 번 프롬프팅을 구체화하는 것이다.

첫 번째 예시로, 문학 작품, 연설문, 광고 등의 영어 글감을 쉽게 만들 수 있다. "『어린왕자』의 줄거리를 영어로 짧게 요약해 줘", "영어 학습용으로 사용할 연설문을 발췌해 줘"와 같이 프롬프팅을 넣으면 영어 지문을 만들어 준다. 여기서 중요한 것은 수업 대상과 목적을 상세하게 입력하는 것이다. 예를 들어 "영어 수준이 초급인 학생들을 위한 읽기 수업에 활용할 거야"와 같이 학생들의 수준, 원하는 난이도, 읽기 수업인지 말하기 수업인지 등의 학습 목표를 정리하여 입력하면 보다 적절한 지문을 생성해 준다. 특히 문장, 문단 길이라든지 어휘 수준 등을 구체적으로 입력할수록 원하는 지문과 가까운 산출물을 만들어 낼 수 있다. 그뿐만 아니라 지문이 완성된 후 지문 이해를 위한 독해 문제를 만들어 달라는 프롬프팅을 통해 독후 활동 문제도 생성할 수 있다.

두 번째 예시로 단어나 특정 문법을 연습할 활동지를 만드는 것이다. "날씨와 관련된 영어 단어 5개를 만들어 줘", 또는 "수동태가 들어간 문장 5개를 만들어 줘. 문장은 6단어 미만으로 만들어 줘"와 같은 프롬프팅을 할 수 있다. 최근 LLM은 단순히 영어 단어를 만들어 달라는 프롬프팅만 했음에도 영어 단어와 뜻을 함께 산출해 낸다. 영어 단어와 뜻을 만들어 내었다면 그다음 활동으로 문장을 이어서 만들 수 있다. 예를 들어 "이 단어들이 들어간 문장을 만들어 줘"와 같이 문장 활동을 위한 자료로 만들 수 있다. 여기서도 역시 학습자의 수준을 고려해 구체적인 프롬프팅을 넣어 주는 것이 좋다. 학습자 수준의 기준은 LLM과 사용자가 서로 다를 수 있기에 "문장 길이는 5단어를 넘지 않아야 해"와 같이 명확한 문장 길이나 문장 예시를 함께 넣어 주면 보다 정확한 결과를 얻을 수 있다. LLM이 가진 편리한 기능 중 하나는 문서 작업을 위한 형식을 만들어 준다는 것이다. 예를 들어 과거형이 들어간 지문을 만든 후, "과거형 동사에 밑줄을 그어 줘", 또는 "과거형 동사를 현재형-동사형-분사 구문 형태로 만들고 분사 구문에 괄호를 넣어 줘"와 같은 입력문을 통해 활동지 형식에 맞는 결과를 얻을 수 있다. 그뿐만 아니라 "과거형을 학습할 수 있는 fill-in-the-blank 활동을 만들어 줘"와 같이 특정 활동명을 입력하여 결과를 얻을 수 있다. 이때 과거형과 같은 문법 요소나, 사과하기 표현과 같은 표현과 같이 학습 목표를 함께 입력해야 원하는 목표에 맞는 활동지를 만들 수 있다.

마지막으로 이미지 생성 AI를 활용한 수업 활동을 소개한다. 달리(DALL-E), 스테이블 디퓨전(Stable diffusion)과 같은 이미지 생성 AI 도구를 통해 이미지를 생성해 두고, 학생들에게 어떤 프롬프팅으로 만든 그림인지 입력한 영어 문장을 유추하게 하는 활동이다. 적합한 소재는 사물의 위치 묘사하기, 동명사의 형용사적 용법 등이며 특정 표현이나 문법을 가르치고 난 후 학습 후 활동으로 적절하다. 동명사의 형용사적 용법에 관한 활동을 예시로 들어 보면 다음과 같다. 'Fish swimming in the sea'를 입력하여 미리 이미지를 생성해 둔다. 학생들에게 이미지를 보여 주고 어떤 프롬프팅을 했는지 유추해 보게 한다. 이때 목표 언어인 동명사의 형용사적 용법의 구조에 대해 힌트를 주거나 '_____ + 동명사 + 위치'와 같이 제시를 해 준다면 조금 더 목표 지향적인 활동으로 구성할 수 있다. 교실에서 학생들이 직접 기기를 사용하여 생성형 AI 도구를 사용할 수 있는 환경이라면 학생들이 직접 이미지를 생성하게 하고 그 내용을 공유하는 것도 좋다. 단, 이때는 생성형 AI의 유의점과 활용법을 미리 숙지하게 한다. 학습자는 직접 프롬프팅을 통해 영어 문장을 써 보는 기회를 얻게 된다. 이는 문장을 암기하기 위해 기계적으로 쓰는 것이 아니라, 자신이 쓰는 문장이 이미지로 생성되는 경험을 하는 것을 통해 의미가 부여되어 보다 유의미한 영어 사용이 될 수 있다.

참고문헌

양혜진 외(2019). 인공지능 음성 챗봇 기반 초등학교 영어 말하기 수업 연구. ≪멀티미디어 언어교육≫, 22(4), 184-205쪽.

이예나(2022). 텍스트마이닝을 활용한 코퍼스기반 영어 교육의 연구 동향 분석, ≪언어학연구≫, 27(1), 191-215쪽.

차수미(2023). AI 펭톡이 초등 영어 학습자들의 어휘력과 정의적 영역에 미치는 효과 및 활용 방안. ≪초등영어교육≫, 29(2), 5-22쪽.

현주은·임희주(2019). 영어학습도구로서 인공지능 스피커의 분석 및 시사점. ≪영어영문학≫, 24(1), 201-219쪽.

09
LLM과 평가

전통적인 언어 처리 기술로는 제약이 크던 서술형 평가 자동 채점과 피드백, 논술 평가가 LLM 도입으로 가능해진다. 평가 영역은 타당성과 신뢰성이 필요한 영역이기에 LLM은 1차 평가로 활용하기를 권한다. 그뿐 아니라 학습 과정에서 발생하는 글이나 메시지의 정성적 분석이 가능해짐에 따라 학습 과정 평가로 활용될 수도 있다.

서술형 평가 자동 채점

온라인 학습 평가의 가장 큰 장점은 평가 이력과 결과를 데이터로 저장하고 분석할 수 있다는 것이다. 하지만 이렇게 데이터로 저장 가능한 평가의 형태는 객관식 또는 단답형의 평가에 국한되는 것이 현실이다. 정답이 명확하게 떨어지는 유형만이 사람의 손을 거치지 않고 온라인상에서 자동으로 채점될 수 있기 때문이다. 그렇기 때문에 서술형 평가의 경우 여전히 교사나 서비스 운영자, 즉 사람이 채점하는 수고를 덜지 못하고 있다. 학습자 입장에서도 즉각적인 채점 결과를 확인하기 어렵고, 학습 과정이나 사고 능력을 평가받기 어려운 실정이다. 더욱이 AI 디지털 교과서와 같이 AI 맞춤 학습 서비스를 표방하는 많은 서비스들도 결국엔 객관식 평가를 기반으로 분석을 하게 되어 진정한 의미의 맞춤 학습을 제공하기엔 한계가 있다.

이전부터 자연어 처리(NLP) 기술을 통해 서술형 문제의 자동 채점 기능을 개발하려는 시도들이 많았다. 하지만 LLM이 등장하고서야 비로소 이러한 시도들이 현실화되고 있다. 융합연구지원사업의 일환으로 수행된 한 연구에서는 AI 기반 채점 보조 시스템 SAAI(Scoring Assistant using Artificial Intelligence)을 개발하였다(하민수 외,

2023). 초 · 중 · 고 및 대학교 교육 현장에서 서술형 평가 유형과 피드백을 분석하여 이를 기반으로 AI 시스템을 개발했다. 특히 학생 응답에서 평가 기준을 유추하는 방식으로 응답을 결정하는 주요 단어를 추출하는 기술을 적용해 효과성을 높였다.

2023년 9월 오픈AI와 SK텔레콤이 공동으로 개최한 해커톤 대회에서도 교육 혁신 분야에서 '평가하는 AI'라는 이름의 서술형, 논술형 문항의 자동 평가 시스템이 개발되었다. GPT-4를 연동하여 평가 루브릭과 평가자의 특성을 페르소나로 만들어 프롬프팅으로 주입하였다. LLM이 루브릭을 기반으로 글을 평가할 수 있는 가능성을 확인한 결과였다(임종한 · 임종헌, 2024). 아직은 평가 결과의 타당성과 신뢰성을 온전히 확보한 단계는 아니지만, 머지않아 교육 현장에서 쉽게 사용할 수 있는 서비스로 만날 수 있을 거라 기대한다.

논술 1차 평가로의 활용

서술형 평가와 마찬가지로 LLM을 활용한 평가로 주목받는 영역은 논술 영역이다. 일반적으로 논술은 '비판적 읽기와 창의적 문제 해결하기 위한 논리적 글쓰기'로 정의된다(김원명, 2007). 교과 지식을 단순히 암기하는 것에 그치는 것이 아니라 지식을 스스로 탐구하고 창의적 사고를 향상하는 것을 목표로 삼는다. 하지만 실제 교육 현장에서는 논술 평가가 활발하게 진행되고 있지 못하다. 논술 문항 제출과 채점을 실행하는 데 현실적인 어려움이 있기 때문이다. 특히 논술 평가에는 명확한 평가 기준이 필요하고 동시에 평가자의 주관성이 개입되기에 평가 결과에 대한 타당성이 더욱 중요하다. 그렇기 때문에 LLM 기반 논술 평가 서비스는 직접적인 평가 결과를 학습자에게 바로 제시하기보다는 교사나 평가자가 1차 평가로 참고하여 객관성과 편의성을 확보하는 측면으로 활용되기를 권한다.

LLM 기반 논술 평가 역시 서술형 평가와 같이 평가 기준과 모범 답안 데이터를 적극 활용해야 한다. 챗지피티에게 프롬프팅으로 평가 기준을 넣고 학생의 글을 평가해 달라는 요청을 하면 꽤나 적절하게 평가를 해 준다. 하지만 알다시피 범용적 서비스인 챗지피티로 논술을 평가하기엔 특정 주제로 제한적이며 평가 피드백도 전문적이지 못할 것이다. 논술 평가에 특화된 교육 LLM을 만들기 위해서는 우선 논술 주제로 적절한 내용의 글감을 확보하여 기본 언어 모델을 학습시켜야 한다. 그리고 논술 문제와 평가 기준뿐만 아니라 다양한 수준의 논술 답안과 평가 피드백을 데이터 세트로 구축하여 학습시켜야 한다. 여타 다른 LLM 구축 과정과 마찬가지로 무엇보다 학습 데이터 세트를 구축하는 데 많은 투자가 필요한 영역이다. 특히 교육적, 논술 평가의 전문가들이 학습 데이터 세트 구축에 참여해야 하고 실제 학생들의 논술 답안 데이터가 필요한 점도 어려움에 속한다. 하지만 정부, 민간 등에서 연구 과제 등으로 데이터 세트를 구축하는 사업들이 늘어나고 있어 논술 평가를 위한 LLM의 활용이 기대되고 있다.

영어 글쓰기 수행 평가

영어 교과의 평가에서도 LLM은 널리 사용할 수 있다. 특히 영어 글쓰기를 통한 문법, 어휘 평가로 활용하기 좋다. 영어의 경우 챗지피티와 같은 범용 LLM이 학습한 주요 언어이기에 별도의 특화 모델을 구축하지 않고도 한국어보다 조금 더 좋은 효과를 얻을 수 있다. 다만, 학습된 영어가 사회 문화적으로 편향성을 띨 수 있음은 주의하고 비판적 사고로 받아들여야 한다.

논술 1차 평가로 활용하는 것과 같은 맥락으로 교사들은 LLM을 통해 학생들의 영어 글쓰기 1차 평가를 진행할 수 있다. 영어 글쓰기 수행 평가는 수행해야 할 글쓰기의 주제, 목적, 사용할 문법 또는 표현 등 교사가 의도하는 학습 목표가 담겨 있다. LLM을 통한 평가를 진행할 때도 이러한 학습 목표를 프롬프팅으로 제시해 주면 된다. 일종의 평가 기준과 유의점 등을 입력해 주는 것이다. 예를 들어 영어 수행 평가 'My Dream Job'에 대한 글쓰기를 하는 것이며 글을 쓸 때 to 부정사, be going to 표현을 한 번 이상 써야 한다고 가정해 보자. 그렇다면 프롬프팅에도 학습 수준과 함께 이 조건들을 입력해 주면 된다. 그뿐만 아니라 글쓰기 평가에서 자신이 중요하게 생각하는 요소들을 평가 기준으로 추가하면 보다 풍부한 피드백을 얻을 수 있다.

교사들이 영어 글쓰기 수행 평가를 진행할 때 어려운 것 중 하나가 '학생들의 글쓰기를 어느 선까지 수정해 줘야 할지'다. 크고 작은 문법적 오류, 철자까지 평가에 반영할지, 반영하지 않아도 수정을 해 줘야 할지 등 많은 학생들을 평가해야 하는 교사 입장에서 부담이 되는 일이다. 이때 LLM을 활용하여 문법성 오류, 철자 등을 평가 및 수정하면 부담을 줄일 수 있다. LLM은 기계적 평가를 담당하고 글의 구성, 내용의 정교화, 논리적 전개 등 글쓰기 학습 목표에 부합하는 정성적인 평가는 교사가 보다 집중할 수 있는 방식으로 AI와 교사의 협력을 실현할 수 있다.

영어 자기 평가

성인 영어 학습자나 영어 실력이 중상위 단계인 경우 LLM을 통해 스스로 영어 말하기나 쓰기 연습을 하는 경우가 많다. 이때 LLM의 도움을 받아 자신의 산출물을 평가받고 수정할 수 있다. 예를 들어 챗지피티와 영어로 대화를 주고받은 후 마무리 시점에 "지금까지 나의 영어를 평가해 줘"와 같이 피드백을 요청하는 것이다. LLM이 제공하는 피드백이 적절한지 살펴보는 과정을 통해 자연스레 스스로를 검토하는 시간을 가질 수 있다. 그리고 이 과정을 통해 나온 피드백과 평가 결과를 산출물에 적용하여 다시 수행함으로써 영어 학습이 이루어지게 된다.

이때 중상급 학습자들이 보다 효과적으로 LLM을 활용하는 방법은 실제적인(authentic) 영어의 쓰임, 즉 어휘의 활용이나 표현의 적절성 등의 자연스러운 어법에 대한 영어 자기 평가(Self-evaluation)를 요청하는 것이다. 소위 말하는 한국에서 문법이나 독해 중심으로 영어를 학습한 학습자들은 자연스러운 어법과 표현이 부족한 편이다. 이에 대한 피드백을 받을 기회도 부족하다. 그렇기 때문에 LLM은 원어민을 대신해 중상위권 학습자들이 영어를 연습해 볼 기회이자 스스로 자신의 영어를 평가하고 수정할 수 있는 좋은 기회가 된다.

문항 생성

콘텐츠 제작 분야에서도 LLM을 적극 활용하고 있다. 같은 맥락으로 교육 분야의 콘텐츠라 할 수 있는 문항 제작에서 LLM의 활용이 늘어나고 있다. 학습 주제를 입력하여 객관식 문제, 진위형 문제, 서술형 문제 등 여러 영역의 문항을 생성할 수 있다. 또는 지문이나 학습 내용을 입력하고 원하는 유형의 문제를 생성할 수도 있다. 그뿐만 아니라 유튜브와 같은 동영상을 기반으로 문제를 생성하는 기술도 등장하고 있다. 원리는 간단하다. 영상의 음성을 음성 인식 기술로 문자화하고, 그 문자 내용을 기반으로 문제를 생성하는 것이다. 영상의 주제에 따라 생성되는 문항의 질이 달라질 수 있으나 이는 추가 학습을 통해 개선 가능하다.

'퀴즈릭스'라는 클라우드 기반 문제집 출판 서비스는 2024년 현재 GPT를 연동하여 문항 생성 서비스를 베타로 제공하고 있다. 하지만 아직 범용적 LLM은 교과 내용을 다루는 문항을 생성하는 데 한계가 있다. 그렇기 때문에 콘텐츠 제작 분야와 마찬가지로 문항의 초안을 작성하고 교사나 검수자의 검수를 거쳐 학생들이 사용하게 한다. 특히 영향도가 높은 평가의 경우 LLM이 생성한 문항을 활용하는 데 더욱 신중해야 한다. 하지만 그렇다고 LLM의 문항 생성을 부정적으로만 볼 필요는 없다. 사람이 직접 문항을 출제할 때도 내신, 대학 수학 능력 시험 등 영향도가 높은 시험이라면 여러 평가자들의 검토를 거치게 된다. 이와 같은 선상에서 LLM이 생성한 문항을 여러 사람의 검토를 거치는 것은 자연스러운 과정으로 받아들일 수 있을 것이다.

참고문헌

김원명(2007). 통합 교과형 논술에서 평가의 바람직한 방향과 문제. ≪철학과 문화≫, 15, 29-53쪽.

임종한·임종헌(2024). ChatGTP API 활용 인공지능 논, 서술형 자동채점 프로그램 개발 실행연구. ≪교육혁신연구≫, 34(1), 349-370쪽.

하민수 외(2023). Development of an Unsupervised Learning Based Automated Evaluation System of Descriptive Assessment. *Brain, Digital, & Learning*, 13(4), pp.339-351.

10
LLM 활용의 유의점

교육을 위해 LLM을 활용하는 것은 어떤 분야에서보다 책임과 신뢰가 필요하다. 모든 사용자는 LLM을 사용하기 전 가짜 정보를 생성하는 할루시네이션, 생성형 AI 윤리에 대한 인식과 행동이 선행되어야 한다. 서비스를 만들고 제공하는 입장에서도 교육적 가치에 대한 고민이 필요하다. 그렇기 때문에 교육 특화 LLM과 서비스를 개발하는 데 교육 전문가들의 적극적인 참여가 필요함을 제안한다.

LLM의 환각 현상

LLM을 사용하며 가장 크게 나타나는 제한점이 바로 거짓 정보를 생성하는 것이다. 이는 심리학적 용어인 환각 현상, 즉 할루시네이션(hallucination)이라고 표현하기도 하는데 LLM이 자신이 생성하는 글이 사실이라고 확신을 가지고 답변한다는 것을 의미한다. LLM 기술은 사실, 데이터를 통해 통계적으로 가장 적절한 글자들을 나열하는 것일 뿐이다. 이것을 생성이라 일컫는 것인데 그렇기 때문에 LLM은 자기가 생성해 내는 글자들이 가지는 의미나 정확성을 알고 있을 리 만무하다. 따라서 종종 사실과 다른 말들을 만들어 내거나 편향된 내용을 담기도 한다.

할루시네이션을 교육 분야에서 더욱 경계하고 조심해야 하는 이유는 사용자가 지식의 양이 부족하고 비판적 사고가 충분히 형성되지 못한 미성년자이기 때문이다. 정확한 지식을 다방면으로 습득하고 다양한 방식의 생각을 익히며 자신만의 지식과 생각을 만들어 나가야 하는 시기에 잘못된 정보와 편향된 사고에 무방비로 노출되는 것은 매우 위험한 일이다. 그렇기 때문에 교육 특화 LLM이 갖춰야 할 역할은 할루시네이션을 최소화하고, 할루시네이션의 위험성과 대처하는 능력이 필요함을 끊

임없이 사용자에게 인식시켜야 한다는 것이다.

기술적으로 할루시네이션을 완전히 없앨 수는 없겠지만 여러 기술적 보완책이 발전되고 있다. 그 예시가 바로 검색 증강 생성(RAG)이다. RAG는 쉽게 말해 LLM에게 생성할 언어의 참고 데이터를 별도로 지정해 주는 방식이다. 보통 LLM에게 언어를 가르치기 위해 데이터로 학습을 시켜 LLM 자체를 변화시키는데, 이는 비용과 시간이 많이 들게 된다. 하지만 RAG는 참고해야 할 데이터를 좁혀 주는 일종의 커닝 페이퍼의 역할을 하는 기술이기에 비교적 효율적으로 기능을 구현할 수 있다. 특히 LLM이 많이 접해 보지 못했을 법한 비주류 문화나 역사 등의 내용, 개인이나 특정 조직에서 다루는 기밀 정보 등의 분야에서 더욱 효과적이다. 예를 들어 교과서를 데이터로 지정하고 사용자가 질문을 하였을 때 그 교과서를 기반으로 답변을 생성하게 하는 것이다. 또는 특정 기관에서 내려온 지침이나 매뉴얼 등의 자료를 데이터로 지정하고 내용을 파악하는 챗봇으로 만들 수 있다.

이러한 기술적 관점보다 더욱 중요한 것은 학습자 지도 관점이다. LLM이 일상이 되는 세상에서 살아갈 아이들에게 LLM이 생성하는 산출물에 의지하거나 맹신하지 않아야 함을, 비판적 사고와 주체성을 가져야 함을 체득

할 수 있게 지도해야 할 것이다.

생성형 AI 윤리

LLM을 교육적으로 활용하는 데 AI 윤리 교육은 반드시 선행되어야 한다. 지도를 하는 부모와 교수자는 물론이고 학생들은 AI 윤리에 대한 인식을 가지고 LLM을 활용할 수 있어야 한다. 최근에는 생성형 AI 윤리 가이드와 같은 많은 자료들이 공유되고 있으며 법적, 제도적으로 AI 윤리와 관련된 지침들이 마련되고 있다. 기술 개발 속도에 따라 이러한 윤리적 제도 마련도 움직이고 있으니 보다 발 빠르게 변화되는 내용을 인지할 필요가 있다.

2023년 12월 방송통신위원회와 한국지능정보사회진흥원은 생성형 AI를 윤리적으로 사용하기 위한 생성형 AI 윤리 가이드북을 발간하였다. 생성형 AI의 정의와 함께 저작권, 책임성, 허위 조작 정보, 개인정보 및 인격권, 오남용으로 구성되어 있다. 저작권 영역에선 창작물의 원저작자의 권리가 중요함과 함께 생성형 AI가 생성한 산출물은 저작권에 포함되지 않음을 강조하고 있다. 또한 AI의 학습 데이터로 사용되는 온라인상의 게시물이나 창작물 역시 원작자가 저작권을 가지고 있기에 임의로 활용되어서는 안 됨을 이야기한다. 책임성에 대해서는 사용자가 생성형 AI를 사용할 때 갖춰야 할 인식을 강조하고 있다. 특히 생성형 AI를 사용하여 과제를 작성하고 제출하는 것에 대한 문제의식을 가져야 함을 제시하고 있다. 그뿐만 아니라 여러 대학교와 교육 기관에서는 생성형 AI의 활용 가이드를 각자의 상황에 맞게 제시하고 있다. 허위 조작 정보 영역에서는 가짜 뉴스, 정보 조작 관련 범죄를 다루며 적법한 신고 및 조치 절차에 대해 안내하고 있다. 개인정보와 인격권에서는 생성형 AI 서비스에서 개인정보와 입력되는 문자들이 어떻게 처리되는지 제시하고 서비스를 사용할 때 개인정보를 유출하지 않기 위한 보안 가이드라인을 제공하고 있다. 마지막으로 오남용 부분에서는 생성형 AI는 도구일 뿐임을 인식하고 너무 큰 의존과 오남용을 하지 않도록 경고하고 있다. 이는 저자가 앞서 강조했던 주체성과 연관된 내용으로 LLM을 사용할 때 주체성을 가지고 도구로 활용해야 하는 중요성을 다시금 알 수 있는 내용이다.

최근 들어 딥페이크라 불리는 이미지 합성 AI 기술로 인한 범죄가 기승이다. 선정적 이미지에 일반인의 얼굴을 합성 유포하며 당사자를 협박하는 범죄가 발생하고 있는 것이다. 가짜 음란물 이미지는 대학생, 청소년들에게도 위협으로 다가오고 있다(김정진, 2024). LLM을 교육 현장에서 사용할 때 신기술에 대한 관심과 호기심이 교육적 목적을 넘어설 수도 있을 것이다. 학생들의 과도한 호기심이 교육적 맥락을 벗어나 악용될 수 있음을 간과해서는 안 된다. 그렇기 때문에 반드시 AI 윤리 인식과 활용법을 안내하고 학습 목표에 맞는 LLM 활용을 강조해야 할 것이다.

교육 전문가의 적극 참여

계속해서 반복하고 있지만 LLM은 하나의 도구이자 기술일 뿐이다. 이를 교육 분야에서 어떻게 활용할지는 무엇보다 교육적 목적과 방법에서 맥락을 찾아야 한다. 교육 특화 LLM을 만드는 것도 만드는 행위 자체는 기술 전문가가 하겠지만 어떻게, 왜 만들어야 하는지 설계를 하고 학습 데이터를 구축하는 것은 교육 전문가의 몫이라고 생각한다. 기술의 발전에 맡겨 두기보다 교육 전문가들의 적극적인 참여가 필요한 이유다.

교육 특화 LLM을 만드는 일은 하나의 교사를 길러 내는 일과 비슷하다. 어떤 언어를 쓰게 할 것이며 어떤 내용을 담아야 할 것인지 기초부터 교육적 설계가 필요한 영역이다. 거창하게는 어떤 교육 철학을 담을 것인가를 만들어 주어야 한다. LLM 구축을 위한 기획과 설계에서

부터 교육 전문가들의 참여가 필요하다. 언어 모델을 학습시키는 것은 단순히 문자로 된 데이터가 많으면 되는 것은 아니다. 특히 기존의 범용적으로 개발된 기본 언어 모델에 교육용 학습 데이터를 추가 학습시키는 파인튜닝(fine-tuning)의 경우 더 구체적인 대화 시나리오가 필요하다. 대화의 시작부터 끝까지 교사와 아이가 대화를 나누는 대화를 표방하여 목적에 부합된 형태의 대화법, 문장의 길이, 어휘 등의 선택이 필요하다. LLM이 사용할 문장뿐만 아니라 학생들의 언어적 특징도 학습 데이터에 포함되어야 한다. 연령별 학생들의 언어 양상이나 교사와 학생들의 실제 대화 분석을 통해 그 특성이 언어 학습 데이터에 포함되는 것이 필요하다. 이를 위해서는 LLM의 연구 못지않게 교사와 학생 발화 분석 연구, 온라인상에서의 언어 사용 연구와 같은 근본적인 기초 연구가 중요할 것이다. LLM이 그저 기술로만 발전하기를 기다리기보다 아이들이 LLM과 바람직한 상호 작용을 할 수 있는 방향으로 기술이 발전되어 갈 수 있도록 교육 전문가들의 적극적인 관심과 참여가 필요할 때다.

참고문헌

김정진(2024.9.12). 직장동료 등 아는 여성 24명 딥페이크 만든

30대…여고생도 피해. ≪연합뉴스≫, https://www.yna.co.kr/view/AKR20240912084100004?input=1195m

방송통신위원회·한국지능정보사회진흥원(2024). 생성형 AI 윤리 가이드. 방송통신위원회·한국지능정보사회진흥원.

현주은

현재 KT EduAX 플랫폼 사업팀에 근무하며 교육 플랫폼에 AI를 적용하는 개발 사업을 수행 중이다. 대표적인 경력 사항으로 아이스크림에듀 AI 연구소에서 AI 서비스 개발 총괄을 맡아 LLM 기반 서비스, AI 튜터, AI 생활기록부, AI 맞춤 학습 플랫폼 등을 개발하였으며, 그 이전에는 인공지능 전문기업 마음AI에서 AI 기반 영어 말하기 앱 개발, 인공지능 교육 프로그램 기획을 수행하였다. 학력 사항으로 중앙대학교 사범대학을 졸업하고 동 대학원 영어교육학 박사 학위를 취득하였으며 인지언어학 기반의 영어 교육, 교수 학습 설계, 학습 동기 관련 연구를 수행했다. 최근에는 실무 개발 경험을 기반으로 교육 공학 관련 연구에 관심을 가지며 학습 분석, AI 기반 학습 관련 논문을 편찬했다.